# 青少年《民法典》小百科

图文版

马芳◎编著

中国画报出版社·北京

# 前　言

《中华人民共和国民法典》（以下简称《民法典》）中有许多与青少年密切相关的热点知识。青少年学习《民法典》，不仅可以自小养成规则意识、契约精神、诚信意识，还能养成依法维权的权利意识，甚至能养成具有高效自主判断和控制能力的人格意识，这对于青少年以后走向社会，是非常重要的财富。国家把《民法典》纳入国民教育体系，引导青少年学习《民法典》，因此我们编写这本《青少年〈民法典〉小百科》（图文版），以此向青少年朋友进行《民法典》普法教育。

说到法律的普及，很容易联想到普及“法律条文”，普及什么是违法行为，普及如何依法维权等，但是对于青少年来讲，普法的现实性更在于对其“法律意识”的培养。曾经有一位美术老师教他的学生画树影，学生画得总是不到位，老师开导学生说：“我们画的不是影子，是风。”换位到普法上来，对于青少年来说，普法普的不是法律条文，而是法律的精神和灵魂，这也是我们拟写这本《青少年〈民法典〉小百科》（图文版）的主要意义所在。

第一，学习《民法典》可以增强我们的法律意识和规则意识。俗话说，无规矩不成方圆。只有建立良好的规则秩序，社会才能平稳运行。青少年时期作为人生的初级阶段，是树立规则意识与法律意识的黄金时期。《民法典》规定了一系列法律原则，例如平等原则、自愿原则、公平原则、诚信原则、公序良俗原则、绿色原则等。这些法律原则可以帮助我们从整体上认识法律的界限，树立起守法意识和规则意识，增强我们的责任感。

第二，学习《民法典》可以增强我们的权利意识。《民法典》对未成年人的权利能力和行为能力进行了系统的规定，能够帮助我们清晰地认识到在不同的年龄阶段可以做什么，不可以做什么。例如，不满八周岁的未成年人是无民事行为能力人，所有民事行为都需要由法定代理人代劳；而八周岁以上的未成年人是限制民事行为能力人，可以独立从事纯获利益的法律行为或者与其年龄和智力发展状况相适应的法律行为。同时，在未成年人的权利保障方面，《民法典》也作出了一系列规定，如未成年人遭受性侵害的损害赔偿请求权的诉讼时效期间，自受害人年满十八周岁之日起计算；如在突发紧急情况下，未成年人无人照料时，居民委员会、村民委员会或者民政部门应当为其安排必要的临时生活照料措施等。

第三，学习《民法典》可以帮助我们形成完善的人格意识。青少年时期是树立人生观和培养健全人格的关键时期，不仅需要家长、老师的教育，更需要法律的引导。人格权编作为《民法典》中的一部分内容，从生命权、健康权、姓名权、肖像权、名誉权、隐私权等方面，全面地对人格权提供了保护与保障措施。除此以外，我们的人格尊严同样受到法律的保护。这不仅能从法律的角度引导未成年人维护自身的人格权利，还能教导青少年尊重他人的人格权利。

第四，学习《民法典》可以帮助我们树立责任感和使命感。《民法典》中关于优良家风的建设、家庭成员之间的帮扶义务、相邻关系人之间的互助友善义务、订立合同前后的各项责任、侵权责任等的规定，无不体现民事主体间除了遵守规则与秩序之外的一种责任和义务。学习《民法典》，不仅能帮助我们树立规则意识，也能帮助我们提高素质水平和精神风范，从而做到“德法兼修”。

学习《民法典》的意义还有很多，由于篇幅的限制，不再讨论。

本书的特色：

首先，我们选用与青少年密切相关的法律知识，通过以案解析的方式，将生活中常见的法律问题呈现出来，让大家能够从生活中的点滴小事认识到《民法典》对我们的深刻影响，极具代入感；

其次，我们精心编绘了插图，让内容更加形象生动、有画面感，相信一定能给青少年朋友增添阅读的乐趣；

最后，我们采用通俗的语言方式，简单明了地向青少年朋友传播《民法典》知识，让大家能轻松地了解法律规定背后所蕴含的法学原理，从而轻松地运用法律知识解决生活中的法律问题。

法律虽然多以条文的形式呈现，但法律绝不是教条性的。法律也有生命，有血有肉，有情有义。当我们学了法，学会了依法办事，让法的思维根植于心，一定能感受到法律的温度与力量。我们衷心地希望广大青少年朋友可以通过本书，成为学习、宣传、维护、遵守、运用《民法典》的小先锋。

# 目　录

## 第二章 家庭生活
### 与青少年密切相关的《民法典》婚姻家庭编法律常识

## 第三章 财产保护
## 与青少年密切相关的《民法典》物权编法律常识



## 第四章 尊重人格
## 与青少年密切相关的《民法典》人格权编法律常识

## 第五章 侵权责任

### 与青少年密切相关的《民法典》侵权责任编法律常识

# 第一章 慢慢长大

## 与青少年密切相关的《民法典》总则编法律常识

## 未成年人有民事行为能力吗？

### 民法典小案

月月是一名五年级的学生。在12月4日国家宪法日这天，班级开展了普法讲座，让同学们学习法律知识，同学们都受益匪浅。老师告诉大家，虽然他们年纪还小，但是和成年人一样享有民事权利，都是民事主体的一部分。同时，老师又讲到，人们参与到民事法律关系中，用自己的行为承担义务和享受权利的行为叫作民事行为能力。那么，未成年人有民事行为能力吗？月月对此有一点好奇。

### 民法典讲堂

未成年人是否有民事行为能力呢？

《民法典》第十八条规定："成年人为完全民事行为能力人，可以独立实施民事法律行为。十六周岁以上的未成年人，以自己的劳动收入为主要生活来源的，视为完全民事行为能力人。"

第十九条规定："八周岁以上的未成年人为限制民事行为能力人，实施民事法律行为由其法定代理人代理或者经其法定代理人同意、追认；但是，可以独立实施纯获利益的民事法律行为或者与其年龄、智力相适应的民事法律行为。”

第二十条规定：“不满八周岁的未成年人为无民事行为能力人，由其法定代理人代理实施民事法律行为。”

以上法律条文为对完全民事行为能力人、限制民事行为能力人、无民事行为能力人的规定。

一般来说，年满十八周岁的人（成年人）具备完全民事行为能力，未成年人大部分都是没有完全民事行为能力的，只有少部分年满十六周岁已经工作的人有完全民事行为能力。

关于未成年人，根据年龄阶段的不同，具有的民事行为能力也不同。不满八周岁的未成年人不具有民事行为能力，所有民事行为都需要法定代理人（一般为父母）代劳。而八周岁以上的未成年人的民事行为能力受到限制，只能独立实施和年龄、智力相适应的民事行为或者纯获利益的民事行为，例如纯接受赠与、购买文具等。同时，十六周岁以上以自己的劳动收入为主要生活来源的未成年人比较特殊，他们已经有了独立生活的能力，因此具备完全民事行为能力，可以独自实施所有的民事行为。

## 爸妈临时有事，孩子一个人在家没人照顾，怎么办？

### 民法典小案

小梅是一名小学生，爸妈都是医护人员。一天，小梅的爸妈都在家休息，突然接到医院打来的电话。原来是市里突发疫情，急需医护人员，需要他们赶紧回到岗位上。小梅爸妈边收拾东西边担心小梅怎么办。他们在本市没有亲戚，朋友们也都有自己的工作，不方便帮忙照顾小梅。他们这一走，很可能十天半个月都回不来，小梅就只能自己一个人在家。小梅见状，善解人意地说道："爸爸妈妈，你们放心去工作吧，我自己能照顾好自己。"虽然小梅这么说，但他们还是有些不放心。于是，小梅妈妈拨通了居委会的电话，寻求帮助。

### 民法典讲堂

爸妈临时有事，孩子的生活没人照顾时，应该怎么办？

《民法典》第三十四条第四款规定："因发生突发事件等紧急情况，监护人暂时无法履行监护职责，被监护人的生活处于无人照料状态的，被监护人住所地的居民委员会、村民委员会或者民政部门应当为被监护人安排必要的临时生活照料措施。"

监护人应当保证被监护人得到妥善照料，不能让被监护人处于无人照料的状态。小梅的爸妈临时要去工作，小梅没人照顾，他们可以委托当地的居委会代为帮忙照顾小梅。小梅妈妈向居委会求助的做法是正确的。

## 妈妈能将我的压岁钱挪作他用吗？

### 民法典小案

从小到大，阳阳过年所得的压岁钱，都被妈妈存着。如今，阳阳已经十岁了，是一名五年级的学生。今年过年，阳阳像往年一样收到了压岁钱，并且，还收到爸爸的一位朋友给的压岁大红包——一千元整。阳阳看着今年收了这么多压岁钱，很开心。他跟妈妈商量，要自己拿着其中的五百元，自由支配。妈妈说："你拿着可别乱花，都放我这里，我给你存着。"阳阳便将压岁钱交给妈妈保管。暑假到了，阳阳想参加夏令营，需要两千多元的费用。他问妈妈，能不能用压岁钱去参加夏令营。不料，妈妈却说，今年家里收入不多，阳阳的压岁钱给姐姐上大学交学费用了，没钱报名夏令营了，让他别去了。阳阳觉得很委屈，认为妈妈没和自己商量就动用了压岁钱，做得不对。

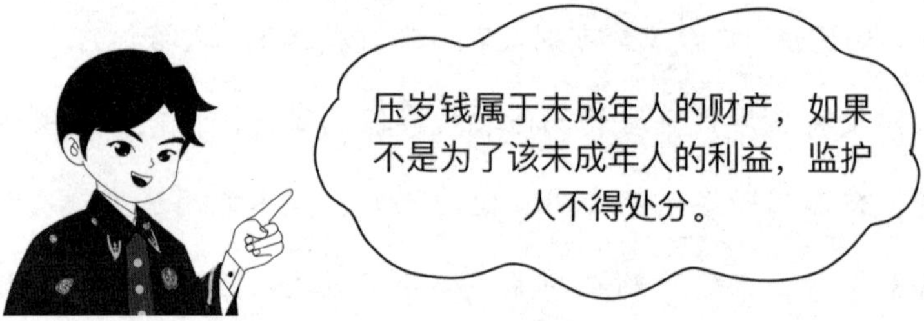


**民法典讲堂**

阳阳的妈妈用阳阳的压岁钱给姐姐交学费的做法对吗？

《民法典》第三十五条第一款规定：“监护人应当按照

最有利于被监护人的原则履行监护职责。监护人除为维护被监护人利益外，不得处分被监护人的财产。”

对于未成年人的财产，监护人应当在最有利于未成年人的基础上进行管理，不能随意处分。未成年人的压岁钱属于其接受赠与所得，属于未成年人自己的财产，父母作为监护人，虽然有抚养教育的权利和义务，但是不能随意处置孩子的压岁钱，更不能将压岁钱挪作他用。

阳阳的妈妈擅自用阳阳的压岁钱给姐姐交学费的做法是不对的。但是，生活不易，如果家里一时有困难，没钱给姐姐交学费，妈妈用阳阳的压岁钱应急也无可厚非，但事先应当和阳阳商量，事后，等有钱时应当将这笔钱给阳阳补齐。

## 爸妈能不顾孩子意见，事事替孩子做决定吗？

### 民法典小案

可可的爸妈年过四十才有了这么一个孩子，对她非常疼爱。虽然可可已经十四岁了，但是爸妈对她还像小时候一样，什么事情都要替她做决定，生怕可可因为不成熟而做出不对的事情。可可虽然心里知道这是爸妈爱她的表现，但是心里却觉得有些压抑。一天，可可的老师告诉她，这周末学校有一个让她到博物馆做小讲解员的机会。可可非常想去，但是爸爸妈妈以可能有疫情风险并且浪费时间会耽误学习为由，让可可待在家里哪儿都不许去。为此，可可闷闷不乐。

### 民法典讲堂

爸妈能不顾可可的意愿，事事都替她做决定吗？

《民法典》第三十五条第二款规定：“未成年人的监护人履行监护职责，在作出与被监护人利益有关的决定时，应当根据被监护人的年龄和智力状况，尊重被监护人的真实意愿。”

虽然监护人应当履行监护职责，保障未成年人的权利。但是，监护人同时也要认识到未成年人同样也是独立的个体，有发表自己意见的能力。对于那些超出未成年人年龄和智力状况的事情，监护人可以代替未成年人作出决定。但是对于未成年人能力范围内的事情，未成年人有权利自己做主，这样也有利于他们提高独立能力。

可可已经十四岁了，已经具备了一定的自主能力。对于日常出门、参加活动这类的事情，父母应当充分尊重她自己的意见，不能事事都替她做主。而可可也要积极表达自己的愿望，以行为证明自身的能力，让父母能够信任她，从而将做主权交到她的手上。

## 父亲每天对孩子非打即骂，可以不让他当监护人吗？

### 民法典小案

皮皮的父亲脾气一直很不好，以前就经常和皮皮妈妈吵架，有时还会动手。几年前，皮皮妈妈不幸得了重病，虽然尽力治疗，但还是去世了。自从皮皮妈妈去世后，皮皮爸爸的脾气变得更加暴躁了，常常喝得酩酊大醉，每天对皮皮非打即骂。一次，皮皮的姥姥和姥爷来看望他，皮皮忍不住将自己的遭遇都告诉了二老。两位老人看着眼前的皮皮，心疼得流下了眼泪，并决定申请更换监护人，由他们来抚养皮皮。

### 民法典讲堂

皮皮的姥姥、姥爷能要求更换监护人吗？

《民法典》第三十六条规定："监护人有下列情形之一的，人民法院根据有关个人或者组织的申请，撤销其监护人资格，安排必要的临时监护措施，并按照最有利于被监护人的原则依法指定监护人：

（一）实施严重损害被监护人身心健康的行为；

（二）怠于履行监护职责，或者无法履行监护职责且拒绝将监护职责部分或者全部委托给他人，导致被监护人处于危困状态；

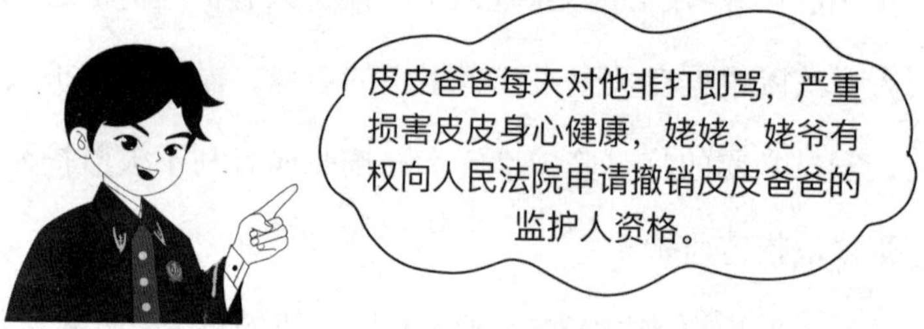


（三）实施严重侵害被监护人合法权益的其他行为。

“本条规定的有关个人、组织包括：其他依法具有监护资格的人，居民委员会、村民委员会、学校、医疗机构、妇女联合会、残疾人联合会、未成年人保护组织、依法设立的老年人组织、民政部门等。

“前款规定的个人和民政部门以外的组织未及时向人民法院申请撤销监护人资格的，民政部门应当向人民法院申请。”

监护人应当认真履行监护职责，为未成年人提供良好、健全的成长环境。如果监护人不履行监护职责，并且给未成年人造成了严重损害，那么就可以更换监护人，从而保障未成年人的权利。皮皮的父亲总是对他非打即骂，对皮皮的身心健康和成长已经造成了严重的影响。皮皮的姥姥、姥爷作为具有监护资格的人，可以向人民法院要求撤销皮皮父亲的监护人资格，同时请求法院依法指定他们为皮皮的监护人。

当我们未成年人遇到此类状况时，要勇敢地向外界求救，来保障我们的人身权利。

## 父母在事故中去世，谁来当孩子的监护人？

### 民法典小案

小缘是一名初中生，今年十三岁。放暑假的时候，爸妈在开车带小缘出去玩时遭遇了车祸，虽然小缘幸存了下来，但是爸妈伤势过重，医治无效去世了。小缘爸妈去世后，家里的亲戚朋友开始讨论该由谁来当小缘的监护人。小缘的爷爷、奶奶想要抚养小缘，认为看到小缘就能想到已经去世的儿子，这样能够抚平心中的伤痛。而小缘的舅舅和舅妈却认为爷爷、奶奶的年龄大了，身体也不太好，还是由他们来抚养小缘更合适。双方都想担任小缘的监护人，因此争执不下。

### 民法典讲堂

小缘的爸妈去世后，该由谁来担任小缘的监护人呢？

《民法典》第二十七条规定：“父母是未成年子女的监护人。

“未成年人的父母已经死亡或者没有监护能力的，由下列有监护能力的人按顺序担任监护人：（一）祖父母、外祖父母；（二）兄、姐；（三）其他愿意担任监护人的个人或者组织，但是须经未成年人住所地的居民委员会、村民委员会或者民政部门同意。”

一般来说，父母健在的，应当由父母来担任未成年人的监护人。如果父母不幸死亡，或者因智力、精神、身体状况等原因没有监护能力的，此时就要为未成年人确定其他监护人。确定监护人时，应当按照法律规定的顺序，这里请注意，担任监护人的人同样需要有监护能力。

小缘的父母去世后，按照法定顺序应当由爷爷、奶奶来担任监护人。但是，爷爷、奶奶年龄大了，在照顾和教育小缘方面可能力不从心。也就是说，如果爷爷、奶奶从年龄、身体、收入等方面不适合做小缘的监护人，那就可以由小缘的舅舅和舅妈担任监护人。同时，可以让小缘经常到爷爷、奶奶家住一住，以抚慰他们的失子之痛。

## 什么是公序良俗？为什么要遵守它？

### 民法典小案

某公园向社会公众开放，从来不收取门票。王某在该公园中散步时，发现园中种植的供观赏用的红叶李结果了。他心想，这树种在公园里，又不是私人的，应该谁都能摘。于是，王某出于贪小便宜的心理，爬上树想要摘些果子回家吃。但由于他并不擅长爬树，在爬树的过程中从树上摔下，摔伤了腿。事后，王某为了治伤，花费了一大笔医疗费。他认为，这是公园管理不严，未设立安全提示标志导致的，于是将该公园的管理人诉至法院，要求赔偿其医疗费。

## 民法典讲堂

什么是公序良俗？

所谓公序良俗，是一个国家和社会在发展中所形成的公共秩序和善良风俗。如家庭关系和谐、市场竞争公平有序，这都属于公序良俗，相应地，破坏他人家庭、不正当参与市场竞争，就是破坏公序良俗的表现。一般地，公序良俗并没有被明确具体地规定在法律之中，但却贯穿于一些法律规定当中。例如，《民法典》第一千零四十三条规定："家庭应当树立优良家风，弘扬家庭美德，重视家庭文明建设。夫妻应当互相忠实，互相尊重，互相关爱；家庭成员应当敬老爱幼，互相帮助，维护平等、和睦、文明的婚姻家庭关系。"我们国家历来主张"家和万事兴"，这一"善良风俗"可以很好地与这一条法律规定相印证。

我们为什么要遵守公序良俗？

《民法典》第八条规定："民事主体从事民事活动，不得违反法律，不得违背公序良俗。"

第十条规定："处理民事纠纷，应当依照法律；法律没有规定的，可以适用习惯，但是不得违背公序良俗。"

第一百五十三条第二款规定："违背公序良俗的民事法

律行为无效。”

公序良俗是《民法典》的基本原则之一，贯穿了整部法典，发挥着引领作用。我们除了要遵守《民法典》的明文规定外，还需要遵守公序良俗。违反公序良俗的民事法律行为是不具有法律效力的。

公园并不是果园，虽然面向社会公众开放，但是并没有收费，也没有组织任何采摘活动，其种植的红叶李完全是观赏性质的植物，按照公序良俗，游客不可采摘。此外，在一般社会公德的要求下，游客私自攀爬树木、采摘果实的行为是极其偶然的，因此不能苛求公园在树木旁边设立安全防护设施。而王某的行为并不符合对游客文明出行的要求，可以说为大众所不齿。他摔伤是因为贪心去摘本不应该摘的果子，是他自己导致的。王某的行为违背了公序良俗，不能要求公园赔偿他的医疗费。

## 在网上给英烈造谣，要承担什么法律责任？

### 民法典小案

在某城市发生的一起爆炸事故中，一名年轻的消防队员在事故现场抢救伤员时，不慎被爆炸的余波波及，壮烈牺牲。

该名消防队员牺牲后，全国人民都在自发地悼念他。一名“网红”为了吸引眼球，在网上编造谣言，说自己是爆炸地附近的居民，该名消防队员根本不是在救人时牺牲的，而是惧怕火场逃跑时才被砸中的。此言一出，顿时在网上引起了轩然大波。黎黎在看到这则发言后十分气愤，认为这名“网红”侮辱了消防队员的人格，便号召大家一起向网警举报了该账号。

### 民法典讲堂

在网上给英烈造谣，要承担什么样的法律责任？

《民法典》第一百八十五条规定：“侵害英雄烈士等的姓名、肖像、名誉、荣誉，损害社会公共利益的，应当承担民事责任。”

《英雄烈士保护法》第二十六条规定：“以侮辱、诽谤或者其他方式侵害英雄烈士的姓名、肖像、名誉、荣誉，损害社会公共利益的，依法承担民事责任；构成违反治安管理行为的，由公安机关依法给予治安管理处罚；构成犯罪的，依法追究刑事责任。”

《刑法》第二百九十九条之一规定：“侮辱、诽谤或者以其他方式侵害英雄烈士的名誉、荣誉，损害社会公共利益，情节严重的，处三年以下有期徒刑、拘役、管制或者剥夺政治权利。”

可以看出，法律充分保护英雄烈士的人格权。如果某人给英雄烈士造谣，败坏他们的名声，可能面临民事责任、行政责任甚至刑事责任。

该“网红”为了博人眼球，在网络上编造英雄烈士的谣言，造成了恶劣影响。其行为不仅伤害了英雄烈士及其家人的权益，还损害了普通大众对英雄烈士崇拜、敬仰的感情。该网红不仅需要为其侵害英雄烈士名誉的行为承担民事责任，还需要接受治安管理处罚。如果其行为严重损害了社会公共利益，那么还将成立侵害英雄烈士名誉、荣誉罪，并依法承担相应的刑事责任。

我们如今和平、安定的生活与英雄烈士的伟大牺牲是分不开的，每个人都应当尊重、敬爱英雄烈士，自觉维护英雄烈士的各项权益。此外，侵害英雄烈士权利的行为还很可能会损害社会公共利益，给社会风气带来负面影响，我们应当坚决抵制此类行为。

## 已经上初中的孩子可以独自决定将自己的平板电脑送给朋友吗？

### 民法典小案

为了便于网课学习，阿敏的父母曾给她买了一台平板电脑。两年后，阿敏上了初中。在阿敏生日那天，远在广东工作的小姑给她寄来了一款最新款、配置更高的平板电脑。阿敏对这个礼物爱不释手，旧的平板电脑也因此闲置下来。阿敏的好朋友乐乐知道这件事后，便询问阿敏能不能把旧的平板电脑借给她用。阿敏一听，大方地表示旧的平板电脑可以直接送给乐乐。

### 民法典讲堂

阿敏可以独自决定将平板电脑送给乐乐吗？

《民法典》第十九条规定：“八周岁以上的未成年人为限制民事行为能力人，实施民事法律行为由其法定代理人代理或者经其法定代理人同意、追认；但是，可以独立实施纯获利益的民事法律行为或者与其年龄、智力相适应的民事法律行为。”

第一百四十五条第一款规定：“限制民事行为能力人实

施的纯获利益的民事法律行为或者与其年龄、智力、精神健康状况相适应的民事法律行为有效；实施的其他民事法律行为经法定代理人同意或者追认后有效。”

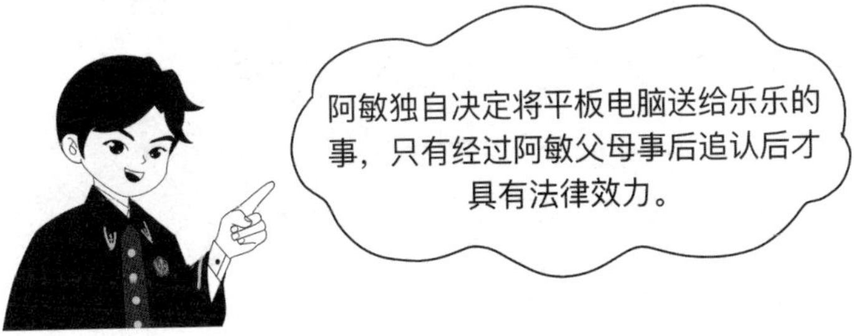

《最高人民法院关于适用〈中华人民共和国民法典〉总则编若干问题的解释》第五条规定："限制民事行为能力人实施的民事法律行为是否与其年龄、智力、精神健康状况相适应，人民法院可以从行为与本人生活相关联的程度，本人的智力、精神健康状况能否理解其行为并预见相应的后果，以及标的、数量、价款或者报酬等方面认定。"

对于八周岁以上的未成年人来说，他们不完全具备民事行为能力。对于那些超出他们民事行为能力范围的事情，要由法定代理人（一般为父母）来进行代理或是追认。所谓追认，就是指未成年人做出某件事后，父母予以认可。

阿敏是一名初中生，是限制行为能力人。平板电脑较为贵重，阿敏还不具备独立决定是否能将贵重物品赠送给他人的能力。因此，阿敏是不能独自决定将平板电脑送给乐乐的。阿敏可以先针对这件事征求父母的意见，经父母同意，她才能将平板电脑赠送给乐乐。如果阿敏"先斩后奏"，擅自做主将平板电脑送给了乐乐，只有在经过阿敏父母事后同意的情况下才算数，否则乐乐需将平板电脑交还。

## 正当防卫是什么意思？因正当防卫给不法侵害人造成损害，需要赔偿吗？

### 民法典小案

小陶是一名中学生，经常乘坐公交车上下学。某日，在公交车上，他看到一名女生正在被小混混张某骚扰，立即上前制止。其他乘客见状纷纷对张某进行指责。张某认为小陶的行为让自己“丢了面子”，于是记恨上了他。这天以后，张某便经常叫上一群狐朋狗友到学校门口蹲点，终于在一次放学后将小陶堵在了学校附近的一条小巷里，要群殴他。小陶在他们的围殴下奋力反抗，并夺过其中一人携带的匕首将张某刺伤。事后，经过公安机关的调查和检察机关的认定，认为小陶的行为属于正当防卫，并作出了不起诉的决定。

### 民法典讲堂

正当防卫是什么意思？

举例来讲，甲正拿着刀追着乙砍，乙逃跑的同时看到旁边有一块大石头，抄起来向甲砸去，将甲头部砸伤。那么乙所进行的就是正当防卫。正当防卫是指对那些正在实施不法侵害的人，采取行为制止该不法侵犯，而给不法侵害人造成了损害但无须承担刑事责任的行为。正当防卫是一种正当性的行为，但需要把握好限度和时机。比如，乙将甲头部砸伤后，甲倒地不起，并已经失去了继续侵犯乙的能力，但是乙揪着甲不放，继续打他，那此时乙的行为就不是正当防卫了，属于防卫过当。再比如，甲追了乙一会儿后，就放弃了追赶，掉头回去，而乙见状，转头追上了甲，趁其不备将其砸伤，此时乙的行为也不属于正当防卫。

如果正当防卫行为造成不法侵害人损害，需要赔偿吗？

《民法典》第一百八十一条规定："因正当防卫造成损害的，不承担民事责任。

"正当防卫超过必要的限度，造成不应有的损害的，正当防卫人应当承担适当的民事责任。"

在正当防卫的情况下，即使给不法侵害人造成了损害，也不需要承担民事责任。但是，如果正当防卫超过必要的限度，如上面我们谈到的防卫过当，就需要承担一定的责任。

小陶的行为被检察机关认定为正当防卫，并且没有超过必要限度，这代表他不需要对张某受伤的结果进行赔偿。

## 紧急避险是什么意思？因紧急避险给他人造成损害，需要赔偿吗？

### 民法典小案

小郑今年十七岁，是一名正在读高三的学生。为了节省路上的时间，他每天都骑着电动车上下学。一天放学后，他骑着电动车回家。正当他正常行驶在非机动车道上时，一辆逆行的汽车迎面飞速向他驶来。小郑情急之下，慌忙调转车头，却不慎撞上了路边停放的汽车。虽然小郑并未受伤，但路边停放的该汽车尾部却被撞坏。此时，那辆逆行的汽车早已逃之夭夭。小郑站在原地，看着眼前被自己撞坏的汽车，不知如何是好。

### 民法典讲堂

紧急避险是什么意思？

紧急避险，是指当我们的权利马上就要受到损害时，为了避免权利受损，在不得已的情况下，可以利用损害另一种较小的权利，来维护我们较大的权利。在确定一种行为是否属于紧急避险时，需要注意以下问题：第一，损害是马上就要发生的，具有紧迫性。第二，紧急避险行为必须是在不得已的情况下做出的，如果当事人还有其他更好的选择，不能采取紧急避险行为。第三，最终受到损害的权利是否比受到保护的权利要小。举例来说，如果为了保护生命不受损害，而采取侵害他人财产的方式来进行紧急避险，这是法律允许的。这是因为我们的生命权是高于财产权的。但是，如果为了保护一个人的生命不受损害，而去侵犯另一个人的生命权，这样的行为就违反了法律的规定，不属于紧急避险行为。因为，每个人的生命权都是平等的。

因紧急避险给他人造成损害，应当由谁来承担责任呢？

《民法典》第一百八十二条规定：“因紧急避险造成损害的，由引起险情发生的人承担民事责任。

“危险由自然原因引起的，紧急避险人不承担民事责任，可以给予适当补偿。

“紧急避险采取措施不当或者超过必要的限度，造成不应有的损害的，紧急避险人应当承担适当的民事责任。”

当紧急避险行为给他人造成损害时，需要承担责任的并不是造成损害的当事人，而是引起险情发生的人。

小郑为了避免发生车祸，在迫不得已的情况下撞上了路边停放的汽车，这就是一种紧急避险行为。因此，应当由逆行车辆的司机来对受损的车辆承担赔偿责任。小郑可以选择报警，向警察讲明当时的情况以及逆行车辆的车牌号。如果事发地点有监控录像，警察会调取监控视频来进一步还原案情。总之，小郑不必担心自己要包赔撞坏汽车的损失。

此外，需要注意的是，当我们遭遇危险时，可以采取紧急避险行为，但需要注意紧急避险行为的程度，如果超出了必要限度，仍然需要承担民事责任。

## 因见义勇为而导致自己受伤，谁来承担医疗费？

### 民法典小案

适逢周末，小龙和哥哥一起去书店买书。正当两人走在路上时，不远处突然传来了一个女孩的喊声："抢包啦！快抓住他！"女孩的话音刚落，就有一个人拿着皮包从小龙他们身边跑了过去。小龙哥哥毫不犹豫地冲了上去，小龙紧随其后。小龙哥哥在大学里是足球队的，跑步对他来说是"毛毛雨"，没多远，他就追上了抢包贼。在打斗中，小龙哥哥不慎被抢包贼扎伤手臂，幸亏有其他热心群众上前，一起制伏了歹徒。警察赶到后，铐起了抢包贼，并赶紧安排小龙哥哥前往医院治疗。

## 民法典讲堂

小龙哥哥因见义勇为而受伤，该由谁来承担他的医疗费？

《民法典》第一百八十三条规定：“因保护他人民事权益使自己受到损害的，由侵权人承担民事责任，受益人可以给予适当补偿。没有侵权人、侵权人逃逸或者无力承担民事责任，受害人请求补偿的，受益人应当给予适当补偿。”

见义勇为时，如果有侵权人，那么主要应当由侵权人来对见义勇为人承担赔偿责任。如果没有侵权人，那么见义勇为人可以向受益人请求补偿。这样规定是为了更好地维护见义勇为人的合法权益，从而使见义勇为的行为得到鼓励，给社会风气带来良好的影响，不让“英雄流血又流泪”。

小龙哥哥勇敢地追捕抢包贼，属于见义勇为的行为。他受伤所花去的医疗费及所遭受的其他损失，应该由抢包贼来承担，同时，失主可以给予适当补偿，也可以不给。但是，如果抢包贼无力赔偿，那么他有权要求失主支付一定的补偿。

“见义勇为”是中华民族的传统美德。我们青少年要学习见义勇为英雄们无私无畏的精神，当遇见他人需要帮助时，伸出援助之手。当然，因为我们年纪尚小，我们一定要保证自己的人身安全，要量力而行，要善于用智慧去帮助他人。

小伙子，见义勇为，好样的！
喂，120吗？这里有人受伤了……

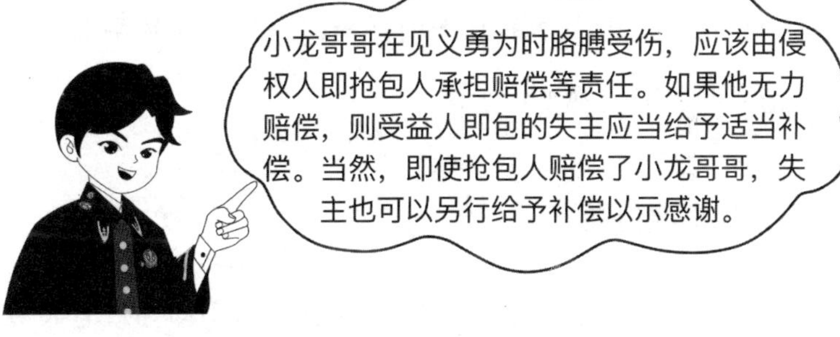
小龙哥哥在见义勇为时胳膊受伤，应该由侵权人即抢包人承担赔偿等责任。如果他无力赔偿，则受益人即包的失主应当给予适当补偿。当然，即使抢包人赔偿了小龙哥哥，失主也可以另行给予补偿以示感谢。

## 见有人晕倒，自告奋勇实施心肺复苏术而给他人造成损害，需要担责吗？

### 民法典小案

小飞是一名游泳爱好者，从小便跟随爸爸一起参加各种游泳相关的活动，冬天时还会参加当地组织的冬泳比赛。为了能够更好地应对游泳中可能碰到的溺水问题，爸爸还带着小飞去参加了当地游泳协会组织的心肺复苏急救培训演练。一次，小飞和几名同学一起到市游泳馆游泳，途中路过江边时，无意中发现一名老大爷在钓鱼时失足落水。小飞毫不犹豫地跳入水中将老大爷救起，并对老大爷实施了心肺复苏术。救护车到来后，医生夸赞小飞抢救得当，为他们争取了时间。但由于老大爷骨质疏松，小飞在进行胸外按压时不慎压断了他的两根肋骨。老大爷的儿女们得知此事后，竟然要求小飞赔偿治疗骨折的医药费。

### 民法典讲堂

小飞自告奋勇为老大爷实施心肺复苏术，却导致老大爷肋骨骨折，需要承担赔偿责任吗？

《民法典》第一百八十四条规定：“因自愿实施紧急救

助行为造成受助人损害的，救助人不承担民事责任。”

通过本条规定，降低了救助人在自愿实施紧急救助行为时可能承担的法律责任，解除了其后顾之忧，能够鼓励更多有救助意愿却担心“摊上事儿”的人自发实施救助，从而形成一个良性循环，有利于良好的社会风气的形成。需要注意的是，救助人的救助行为应当出于救助他人的善意，并且应当是在紧急情况下所实施的紧急救助行为。

小飞发现老大爷溺水，第一时间对老大爷展开了心肺复苏术。他的行为挽救了老大爷的生命，是值得肯定的，也是受到法律认可的，虽然给老大爷造成了一定的身体损伤，但不能因此而否定他的善意。老大爷的儿女不能要求小飞赔偿，应该对小飞见义勇为的行为表示感谢。

当发现他人需要帮助时，我们青少年一定要尽自己所能地伸出援手，让这个社会变得更加美丽和谐。

## 在小时候遭受了性侵害，长大以后还能起诉维权吗？

### 民法典小案

阿云今年十九岁，是一名大二的学生。前几天，她在网上看到了一则未成年少女被猥亵的新闻，心中五味杂陈。她想起，自己上初中的时候，为了提高她的学习成绩，爸妈为她找了一名男家庭教师。一天，爸妈临时有事需要出门，便留下了阿云单独和家庭教师在一起上课。在上课期间，家庭教师逐渐开始说一些污言秽语，甚至开始强行搂抱阿云，对阿云动手动脚。阿云的爸妈从监控中发现这件事后，立刻辞退了家庭教师。但他们担心阿云的名声会受影响，因此并没有报警。这件事给阿云留下了深深的阴影，到现在她还会时不时地做噩梦。阿云如今已经十九岁，非常想拿起法律的武器正视那段过往，起诉那位家庭教师。

## 民法典讲堂

阿云在初中时遭受了性侵害，现在还能通过起诉来保护自己的权利吗？

《民法典》第一百九十一条规定：“未成年人遭受性侵害的损害赔偿请求权的诉讼时效期间，自受害人年满十八周岁之日起计算。”

第一百八十八条规定：“向人民法院请求保护民事权利的诉讼时效期间为三年。法律另有规定的，依照其规定。

“诉讼时效期间自权利人知道或者应当知道权利受到损害以及义务人之日起计算。法律另有规定的，依照其规定。

但是，自权利受到损害之日起超过二十年的，人民法院不予保护，有特殊情况的，人民法院可以根据权利人的申请决定延长。”

一般来说，当事人提起民事诉讼的诉讼时效只有三年。但是，法律对此还规定了一些特殊情况。对于未成年人来说，如果遭受性侵害，很可能因为各种原因而在当时无法寻求法律的保护。因此，未成年人遭受性侵害后，民事诉讼的诉讼时效从他们成年以后才开始计算。

阿云在初中时遭受了性侵害，她提起民事诉讼的诉讼时效应当从她年满十八周岁起计算。现在阿云十九岁，还没有超过诉讼时效期限，可以通过提起民事诉讼来保护自己的权利，让那位家庭教师得到应有的惩罚。

未成年人遭受性侵害时，不要忍气吞声，要将事情告诉老师和家长，早日让不法分子遭到应有的法律制裁。家长发现之后，也不要因怕名声受影响就忍气吞声。警察、法官等都会很好地帮助受害人保守秘密。只有及时维权，才会让孩子早日走出阴霾。

# 第二章 家庭生活

## 与青少年密切相关的
## 《民法典》婚姻家庭编法律常识

## 爸爸总是打妈妈，孩子该怎么办？

### 民法典小案

玲玲的爸爸在一家公司上班，而妈妈为了更好地照顾玲玲，辞去了原有的工作，成了一名全职主妇。玲玲爸爸本来脾气就比较暴躁，还有点大男子主义，经常和玲玲妈妈发生争吵。后来，因经济不景气，玲玲爸爸的公司大规模裁员，而他也在裁员名单中。自从失业以后，玲玲爸爸很长时间都没有找到工作，脾气也变得更加暴躁，经常拿妈妈出气，还埋怨妈妈没有工作不挣钱，动辄就对她拳打脚踢。时间一长，玲玲妈妈的身上布满了青青紫紫的伤痕。玲玲将这一切看在眼里，十分心疼妈妈的遭遇。

### 民法典讲堂

爸爸总是打妈妈，玲玲可以怎么办呢？

《民法典》第一千零四十二条第三款规定：“禁止家庭暴力。禁止家庭成员间的虐待和遗弃。”

《反家庭暴力法》第十三条规定：“家庭暴力受害人及其法定代理人、近亲属可以向加害人或者受害人所在单位、居民委员会、村民委员会、妇女联合会等单位投诉、反映或者求助。有关单位接到家庭暴力投诉、反映或者求助后，应当给予帮助、处理。家庭暴力受害人及其法定代理人、近亲属也可以向公安机关报案或者依法向人民法院起诉。单位、个人发现正在发生的家庭暴力行为，有权及时劝阻。”

家庭暴力是家庭成员之间实施的暴力行为，不仅会给他人的身体和精神造成严重的损害，还会严重破坏家庭成员之间的感情。对于家庭暴力行为，我们每个人都要勇敢说“不”。作为青少年，当我们遭遇家庭暴力时，以我们的力量可能很难去反抗，此时我们要积极寻求外界的帮助，如求助于亲戚、朋友、老师、居委会、村委会等，如果条件允许，还可以拨打 110 报警。

玲玲的爸爸经常对妈妈拳打脚踢，玲玲可以帮妈妈报警，或者找到当地的居委会、村委会来寻求帮助。同时，玲玲还可以劝说爸爸，让爸爸珍惜家庭，停止暴力行为。如果爸爸屡教不改，玲玲可以鼓励妈妈结束这段婚姻，以走出家庭暴力的阴影。

## 初中刚毕业，就被爸妈安排了相亲结婚，这合法吗？

### 民法典小案

晓雪出生在一个重男轻女的家庭，有一个比她大好几岁的哥哥。家里条件不是很好，爸爸妈妈把家里好的东西都给了晓雪的哥哥，对晓雪冷眼相待。晓雪为了改变现状，非常用功地读书，想要考上好的大学离开家里。晓雪中考成绩十分优异，初中毕业后，可以被当地的重点高中录取。而哥哥也与女朋友谈婚论嫁，提出想要购买一套房屋作为婚房。晓雪的父母凑不出这么多钱，便想到将晓雪嫁出去，这样收到的彩礼就可以用来给儿子买房了。于是，晓雪的父母没有与晓雪商量，便给她找好了婆家，让她相亲结婚。晓雪不愿意，父母便用自己的生命作为威胁，逼着晓雪答应。

### 民法典讲堂

晓雪父母的行为合法吗？为什么？

《民法典》第一千零四十六条规定："结婚应当男女双方完全自愿，禁止任何一方对另一方加以强迫，禁止任何组织或者个人加以干涉。"

第一千零四十七条规定："结婚年龄，男不得早于二十二周岁，女不得早于二十周岁。”

首先，只有到达法定结婚年龄以后，才能依据法律程序领取结婚证。其次，我们每个人都享有婚姻自主权，有权自由地决定是否结婚、和谁结婚，任何人都不能加以强迫或干涉。

晓雪是一名刚刚初中毕业的未成年人，尚未到达法定婚龄，是不能结婚的。而晓雪的父母以生命为威胁，逼迫晓雪结婚的行为也是错误的，是违法的。晓雪应向当地的居委会、村委会或者公安机关、妇女联合会等组织机构寻求帮助。同时，晓雪应该将自己想要读书的想法告诉父母，还可以让上面这些单位的人员帮忙劝说父母，让其继续完成学业。

## 小堂哥喜欢小堂妹，长大后可以娶她吗？

### 民法典小案

皓皓今年上六年级，和比他小半年的小玫是一对堂兄妹，两人的父亲是亲兄弟。因为两家住得很近，两人从小就在一起玩耍、一起上学，关系非常好。如今，两人要面临小升初，不知道将来还能不能分到一个学校、一个班级。为此，两人都有点惆怅，特别是哥哥皓皓，觉得如果将来不能跟堂妹在一起上学，会特没劲。皓皓觉得自己离不开堂妹。这天放学路上，皓皓半开玩笑半认真地对小玫说道："等我们长大了，咱们两个结婚吧，天天在一起！"小玫听后，有些害羞，但忍不住点了点头。

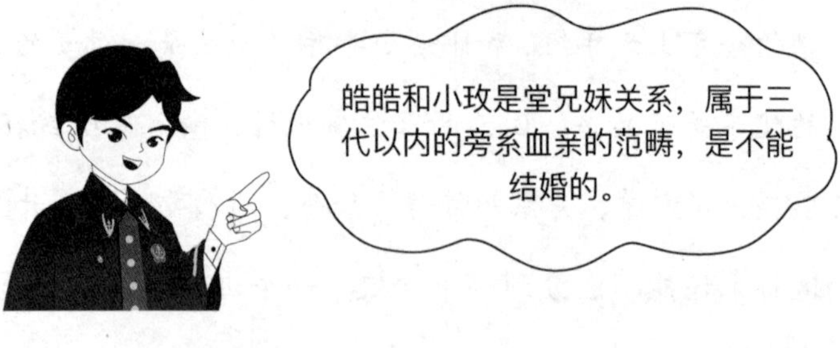

## 民法典讲堂

皓皓和小玫长大以后能结婚吗？

《民法典》第一千零四十八条规定："直系血亲或者三代以内的旁系血亲禁止结婚。"

直系血亲就是和我们有着直接血缘关系的亲属，例如爸爸妈妈、爷爷奶奶、姥爷姥姥等，都属于直系血亲的范围。旁系血亲是指除了直系血亲以外其他和我们有血缘关系的亲属， 例如哥哥姐姐、 弟弟妹妹、姑姑舅舅等。根据法律的规定，直系血亲是绝对不能结婚的。而旁系血亲在三代以内不能结婚，超出三代的婚姻不受限制。这样规定有两方面的原因：一方面，如果夫妻之间血缘太近，生育的子女很可能会患有疾病，无法保证健康。另一方面，血缘太近的亲属之间结婚，不符合社会大众对道德伦理的要求。

皓皓和小玫虽然关系很好，互相喜欢，但由于两人的父亲是亲兄弟，他们之间的血缘关系属于旁系血亲的三代以内，因此是不能结婚的。皓皓和小玫年龄还比较小，可能还不能理解结婚的含义，误将亲情、友情与爱情弄混了。堂兄弟姐妹之间应当团结友爱，但是要把握好分寸，不能越界。

## 父母不支持孩子上高中，不愿承担学费，违法吗？

### 民法典小案

阿荣是一名初三的学生，学习成绩一直名列前茅，很受老师的喜欢。而阿荣也非常刻苦努力，立志要考上最好的高中，以后成为一个对社会有贡献的人。中考结束后，阿荣的父母对他说道：“咱们家里比较困难，我们不能供你去上高中了，你初中毕业以后就跟着你表哥进城打工吧，这样也能减轻家里的一些负担。”听了父母的话，阿荣十分伤心。他看着其他同学都陆陆续续地收到了高中的录取通知书，心里既心酸又无奈。

### 民法典讲堂

阿荣父母不想供阿荣上高中，违法吗？阿荣能要求父母支付高中的学费吗？

《民法典》第一千零六十七条第一款规定：“父母不履行抚养义务的，未成年子女或者不能独立生活的成年子女，有要求父母给付抚养费的权利。”

《最高人民法院关于适用〈中华人民共和国民法典〉婚姻家庭编的解释（一）》第四十三条规定：“婚姻关系存续

期间，父母双方或者一方拒不履行抚养子女义务，未成年子女或者不能独立生活的成年子女请求支付抚养费的，人民法院应予支持。”

父母对子女负有抚养义务，应当负担子女的抚养费，让子女能够接受教育、正常生活、生病时进行医疗。但是，根据目前的法律，大部分地区义务教育只有九年。也就是说，初中毕业后，父母就不再有义务支付子女的学费了。因此，如果家里困难，不能让子女继续上高中、上大学，这也是父母的无奈之举，不能追究其法律上的责任。

阿荣想要继续上学，他追求知识的愿望让人动容。他可以将自己的愿望传达给父母，争取能够继续学业。如果家里的经济情况确实无法支付阿荣的学费，阿荣还可以寻求其他帮助。而父母也应当对阿荣积极好学的精神予以鼓励，尽全力给予支持。

## 孩子不让单亲爸爸再婚，这合法吗？

### 民法典小案

小科原本拥有一个幸福的家庭，爸爸妈妈之间的感情很好，一家三口其乐融融。但是，在小科八岁那年，妈妈因病去世了。此后，小科和爸爸都沉浸在悲伤之中，无比怀念妈妈。

几年以后，小科的爸爸终于从悲伤中走了出来，也觉得自己工作太忙，需要多一个人来照顾小科的生活。于是，小科的爸爸交了一个新的女朋友，并将她介绍给小科认识。小科对此十分抗拒，在他的心中，他永远只有一个妈妈，坚决拒绝爸爸再婚。

### 民法典讲堂

小科这样做对吗?

《民法典》第一千零六十九条规定：“子女应当尊重父母的婚姻权利，不得干涉父母离婚、再婚以及婚后的生活。子女对父母的赡养义务，不因父母的婚姻关系变化而终止。”

每个人都有婚姻自由，我们的父母也不例外。婚姻自由不仅包括结婚和离婚的自由，还包括再婚的自由。我们青少年作为子女，应当对父母关于婚姻的决定加以尊重，不能横加干涉，更不能以胁迫的方式逼迫父母改变决定。

小科不想让爸爸再婚的心情可以理解，但是爸爸也是独立的个体，有权利决定自己是否需要再婚。小科应当与爸爸多加沟通，将自己心中的想法告诉爸爸，同时也要了解爸爸的内心感受，尝试着去理解爸爸的心情。我们要相信，无论父母是否再婚，他们对我们的爱都不会改变。

## 得知同学是个“私生子”，大家都议论纷纷，甚至还有人嘲笑他，这样对吗？

### 民法典小案

彤彤的班里有一名叫小年的同学。彤彤注意到，每次班里开家长会或是有什么亲子活动，都只有小年的妈妈来学校，从来都没有见过小年的爸爸，也没有听小年说起过他爸爸。一天，不知大家从哪里得知，小年真的“没有”爸爸，是“私生子”。班里的其他同学都对此议论纷纷，大家都说小年是“私生子”。有些同学还会因此嘲笑小年，甚至对他进行一些恶作剧。久而久之，小年的性格越来越内向，也变得不喜欢来上学。班主任知道这一情况后，严厉地批评了欺负小年的同学，并告诫大家背地里不能议论其他同学。

### 民法典讲堂

同学们说小年是“私生子”，并因此嘲笑他，这样的行为对吗？

《民法典》第一千零七十一条第一款规定：“非婚生子女享有与婚生子女同等的权利，任何组织或者个人不得加以危害和歧视。”

男女之间没有合法有效的婚姻关系而诞生的孩子，是非婚生子，也就是我们俗话说的“私生子”。在法律上，非婚生子和婚生子具有同样的地位，享有同样的权利。无论他人是否为“私生子”，我们都不能仅仅因为这个身份而嘲笑、讥讽他人。

小年虽然是“私生子”，但他并没有做错什么事，我们应该用友爱的态度来对待他，不能歧视他。

## 没有办理结婚登记，生下了孩子，后来一方不管了，能要求他支付抚养费吗？

### 民法典小案

晨晨的爸爸妈妈恋爱分手后，妈妈发现自己怀孕了。由于妈妈的身体不适合做流产手术，便将晨晨生了下来。此后，晨晨一直和妈妈一起生活，和爸爸很少联系。这些年，爸爸从来没有给过抚养费。为了能给晨晨更好的条件，妈妈每天早出晚归，工作十分辛苦。随着晨晨的成长，抚养他需要的费用越来越高，只靠妈妈一人已经无力承担。于是，晨晨和妈妈决定向爸爸要回这些年没给的抚养费，并要求他以后每月按时支付一定的抚养费。然而，当妈妈提出要求后，爸爸却以晨晨出生时两人已经分手为由拒绝了。无奈之下，妈妈只好代替晨晨提起诉讼。

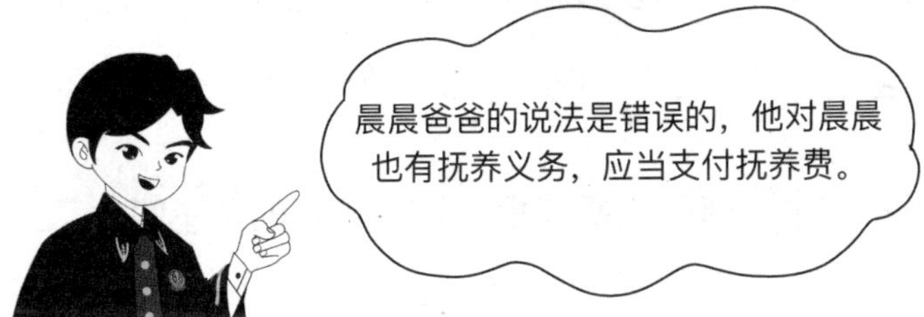


## 民法典讲堂

晨晨可以要求爸爸支付抚养费吗？

《民法典》第一千零七十一条规定：“非婚生子女享有与婚生子女同等的权利，任何组织或者个人不得加以危害和歧视。

不直接抚养非婚生子女的生父或者生母，应当负担未成年子女或者不能独立生活的成年子女的抚养费。”

无论是婚生子女还是非婚生子女，父母对他们都负有抚养义务，必须保证未成年子女的健康成长。晨晨的父母在生育他时虽然没有结婚，但同样需要担负起做父母的责任，细心地抚养和教育晨晨，关照他的身心健康。晨晨的爸爸对他撒手不管，这是不负责任的。为了保证晨晨的生活，他可以要求爸爸支付抚养费。如果爸爸拒绝支付，晨晨可以通过向法院提起诉讼等方式，要求爸爸承担责任。

作为儿子，晨晨可以主动与爸爸联系，表达自己的需求，让爸爸了解自己的内心世界，帮助他成为合格的爸爸。

## 爸妈不在了，爷爷奶奶能拒绝抚养年幼的孙子吗？

### 民法典小案

在小海还很小的时候，爸爸就因病去世了。爸爸去世后，妈妈单独抚养着小海，这几年很是辛苦。没想到，上天并没有眷顾小海母子。一天，小海的妈妈在下班回家的途中，不慎被一辆汽车撞倒。随后，小海妈妈被送往医院。虽然医生全力救治，但小海妈妈还是不幸身亡了。年幼的小海一夜之间成了孤儿，亲人就只剩下了爷爷和奶奶。但是，爷爷和奶奶本来就不喜欢孩子，对小海没什么感情，拒绝继续抚养小海。小海一时间无人抚养，只能由居委会暂时照顾。

## 民法典讲堂

小海的父母去世后，爷爷奶奶有义务抚养他吗?

《民法典》第一千零七十四条规定："有负担能力的祖父母、外祖父母，对于父母已经死亡或者父母无力抚养的未成年孙子女、外孙子女，有抚养的义务。

"有负担能力的孙子女、外孙子女，对于子女已经死亡或者子女无力赡养的祖父母、外祖父母，有赡养的义务。"

当未成年人的父母去世后，如果祖父母或者外祖父母有负担能力，是对该未成年人负有抚养义务的。同样，当祖父母无儿女赡养时，已成年的有经济能力的孙子女、外孙子女也应该负担起赡养义务。

小海的父母双双去世，亲人就只剩下爷爷和奶奶。两位老人不想抚养小海的原因仅仅是不喜欢孩子，而不是没有抚养能力。也就是说，爷爷和奶奶有义务抚养小海，不能拒绝。

亲人之间本就应当互帮互助、相互关爱，更何况爷爷奶奶是小海世界上仅剩的亲人，更应当担负起照顾小海的责任。而小海可以友好地对待爷爷奶奶，用自身行动赢得他们的喜爱，努力与他们成为一家人。

## 俗话说“长兄如父”“长姐如母”，哥哥姐姐确实有抚养弟弟妹妹的义务吗？

### 民法典小案

小刘上大学时，年近五十的父母又生下了一个女儿。小刘和妹妹年龄差距比较大，而且妹妹出生时小刘正在上学，很少回家，和妹妹并不亲近。妹妹出生以后，消耗了小刘父母的大量精力。随着年龄的增长，两人逐渐觉得没有那么多余力来照顾孩子了。于是，小刘的父母经常告诉小刘“长兄如父”，希望如果将来有一天他们不能抚养幼女成人，小刘能够担负起扶养妹妹的重任。而小刘觉得，虽然他们是亲兄妹，但毕竟妹妹不是他的女儿，他对妹妹没有扶养的义务。

### 民法典讲堂

小刘有义务扶养妹妹吗？

《民法典》第一千零七十五条规定：“有负担能力的兄、

姐，对于父母已经死亡或者父母无力抚养的未成年弟、妹，有扶养的义务。

“由兄、姐扶养长大的有负担能力的弟、妹，对于缺乏劳动能力又缺乏生活来源的兄、姐，有扶养的义务。”

只有在父母已经死亡或者父母无力抚养这两种情况下，兄、姐才对弟、妹有扶养义务。并且，此时的兄、姐应当已经成年并且有扶养能力。

小刘的父母依然健在，并且也没有失去抚养能力，此时小刘对妹妹是没有扶养义务的。但是，小刘和妹妹毕竟是至亲，应当互相帮助、互相关爱。同时，小刘也应当体谅上了年纪的父母，帮助他们分担一些照顾妹妹的重担，这也是小刘报答父母养育之恩的一种方式。

## 继母和我没有血缘关系，她有权管教我吗？继母年纪大了后，我有义务给她养老吗？

### 民法典小案

磊磊的爸爸妈妈在他很小的时候就因为感情不和分开了，此后磊磊一直跟着爸爸一起生活。多年以后，磊磊进入了初中，而爸爸也结识了一位优秀的女性，与她步入了婚姻的殿堂。爸爸再婚后，继母一直尝试着和磊磊好好相处，而

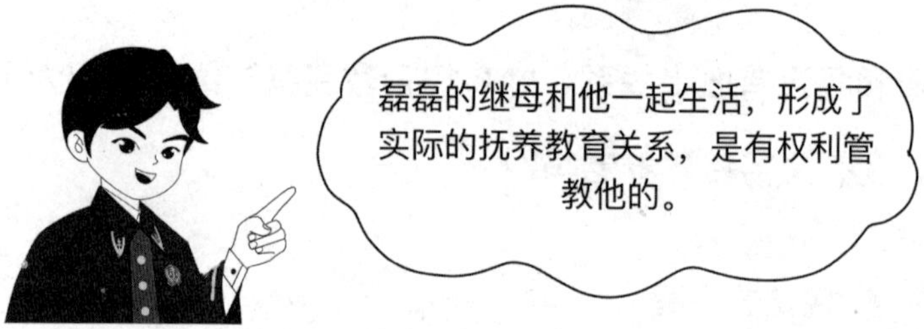


已经进入青春叛逆期的磊磊并不怎么欢迎这位继母，经常和她对着干。磊磊平时不好好学习，还常常在学校犯错，老师要找他家长来谈话。由于磊磊爸爸工作较忙，继母就代替他来到了学校。听了老师的话后，继母语重心长地教育磊磊要好好学习，不然以后会后悔的。但是磊磊却觉得继母又不是他的亲生母亲，无权管教他。

## 民法典讲堂

继母和磊磊没有血缘关系，有权利管教磊磊吗？

《民法典》第一千零七十二条规定："继父母与继子女间，不得虐待或者歧视。继父或者继母和受其抚养教育的继子女间的权利义务关系，适用本法关于父母子女关系的规定。"

如果继父母和继子女之间已经形成了抚养教育关系，那么继父母的法律地位就与亲生父母是一样的，行使同样的权利，履行同样的义务。

磊磊还是未成年的孩子，与父亲和继母一起生活，势必要接受继母的抚养和教育。因此，继母是有权教育磊磊的。磊磊应该放下自己的任性，如果继母的教育是为了他好，他就应该听从。

如果以后继母上了年纪，磊磊有责任赡养她吗？

磊磊和继母之间已经形成了抚养教育关系，继母年老以后，磊磊对她负有赡养义务。形成对比的是，如果磊磊的母亲也再婚了，那么母亲的再婚对象，也就是磊磊的继父，与磊磊之间并没有形成实际上的抚养教育关系。因此，磊磊不需要对继父承担赡养义务。

**爸妈离婚后，孩子跟随妈妈生活，爸爸能就此“撒手不管”了吗？**

**民法典小案**

小禾的爸爸妈妈感情一直不好，经常爆发争吵。无法继续忍受的小禾妈妈下定决心，一纸诉状将小禾爸爸告上法庭，要求离婚。在法庭上，小禾妈妈据理力争，争取到了小禾的抚养权。自从小禾跟随妈妈一起生活以后，爸爸一次抚养费都没有给过，也从来没有来看望过小禾，甚至连个电话都没给她打过。为此，小禾十分伤心。以前爸爸妈妈没有离婚时，虽然爸爸和她也并不是十分亲近，但还是会关心她。小禾难过地想：“难道爸爸妈妈离婚了，我就不是爸爸的孩子了吗？”

**民法典讲堂**

小禾的爸爸妈妈离婚后，爸爸对她不管不问，这样做合法吗？

《民法典》第一千零八十四条第一款和第二款规定：“父

母与子女间的关系，不因父母离婚而消除。离婚后，子女无论由父或者母直接抚养，仍是父母双方的子女。

“离婚后，父母对于子女仍有抚养、教育、保护的权利和义务。”

父母离婚以后，即使是不直接抚养子女的一方，依然对子女负有抚养、教育、保护的义务。这不仅仅体现在应当定期支付抚养费，还体现在要与子女保持联系，定期探望子女，关心子女的身心健康等。

小禾的爸爸妈妈离婚后，小禾跟随妈妈一起生活，而爸爸对她不闻不问，爸爸这种做法显然是不合法的。小禾有权要求爸爸履行作为父亲的责任，让他们能够保持沟通，从而让小禾能够继续感受到父爱。

## 爸妈要离婚，孩子有权决定跟谁一起生活吗？

### 民法典小案

欣欣今年十三岁，正在上初中。自从欣欣进入初中以后，她的爸爸妈妈就经常吵架，甚至开始分居。欣欣知道他们可能不久以后就要离婚了，只能在心里默默地接受这个现实。果然，没过多久，爸爸妈妈就将要离婚的事情正式告诉了她。但是，两人对欣欣的抚养权一直争执不下，无法决定让她跟着谁一起生活。妈妈觉得欣欣是由她带大的，和她的感情更为深厚，应当跟随她一起生活。而爸爸觉得欣欣随他的姓，就是他家的骨肉，不能让欣欣妈妈带走。两人为此吵得不可开交，谁都没有考虑过欣欣的感受，让她难过不已。

### 民法典讲堂

爸妈要离婚，欣欣可以决定自己跟谁一起生活吗？

《民法典》第一千零八十四条第三款规定："离婚后，不满两周岁的子女，以由母亲直接抚养为原则。已满两周岁的子女，父母双方对抚养问题协议不成的，由人民法院根据双方的具体情况，按照最有利于未成年子女的原则判决。子女已满八周岁的，应当尊重其真实意愿。"

父母在协商决定未成年子女的抚养权时，应当按照最有利于子女的原则来决定，减少因父母离婚而给子女带来的伤害。而年满八周岁的子女，也有权利提出自己更想要和谁一起生活，父母应当充分尊重他们的意见。

欣欣已经十三周岁了，具有表达自己意见的能力，有权利决定自己想要和爸爸还是妈妈一起生活。欣欣可以和爸爸妈妈进行沟通，将自己的想法传达给他们，并且对他们表示，即使离婚后她还是一样地爱他们，让他们放心。

## 妈妈给的抚养费不够用，我可以要求提高吗？

### 民法典小案

小夕的爸妈几年前就离婚了，小夕跟随爸爸一起生活。离婚后，妈妈每个月会给小夕八百元的抚养费。小夕升上初中以后，在学习方面的开销逐渐大了起来，并且，随着物价的上涨，每个月的生活支出一下子也多了不少。小夕妈妈所给的抚养费显得杯水车薪。小夕为了减少爸爸的经济压力，想要向妈妈多要一点抚养费。不料，当小夕给妈妈打电话提起此事时，却被妈妈拒绝了。

### 民法典讲堂

小夕能要求妈妈提高抚养费吗？

《民法典》第一千零八十五条规定："离婚后，子女由一方直接抚养的，另一方应当负担部分或者全部抚养费。负担费用的多少和期限的长短，由双方协议；协议不成的，由人民法院判决。

"前款规定的协议或者判决，不妨碍子女在必要时向父母任何一方提出超过协议或者判决原定数额的合理要求。"

《最高人民法院关于适用〈中华人民共和国民法典〉婚

姻家庭编的解释（一）》第五十八条规定：“具有下列情形之一，子女要求有负担能力的父或者母增加抚养费的，人民法院应予支持：

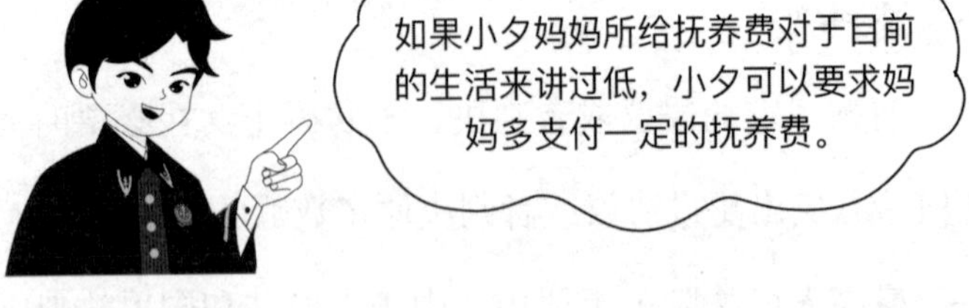

（一）原定抚养费数额不足以维持当地实际生活水平；

（二）因子女患病、上学，实际需要已超过原定数额；

（三）有其他正当理由应当增加。”

抚养费的数额并不是固定的，只要双方能够达成协商，可以随时提高或降低抚养费数额。

小夕认为妈妈给的抚养费不够花，想要减轻爸爸的压力，将这些情况告诉妈妈，合理合法，且勇气可嘉。在实践中，通常由小夕的爸爸与妈妈商量以后，确定提高的抚养费数额比较合适。当然，如果小夕妈妈不愿意提高抚养费，小夕和爸爸还可以寻求法院的帮助，由法院来判定是否需要多付抚养费。但是，秉持着家庭和谐的原则，他们还是要尽量与妈妈商量，双方达成一致，以平和的态度解决这一问题。

## 我跟随离婚后的妈妈生活，她能禁止我去见爸爸吗？

### 民法典小案

媛媛的爸爸嗜赌成性，屡教不改，媛媛妈妈气愤地提出了离婚。离婚时，妈妈提出要媛媛的抚养权，爸爸心中有愧，没有拒绝，与她约定每周来看望媛媛一次。离婚后，妈妈带着媛媛搬离了原来的小区，开始了新的生活。刚开始，爸爸每周都会把媛媛接走出去玩一天。但次数多了以后，妈妈每次看到爸爸都很生气，便以媛媛要上课外班为由拒绝她和爸爸出门，后来甚至还不接爸爸的电话，直接拒绝让两人见面。媛媛心里虽然很想见爸爸，但为了不让妈妈伤心，还是忍住了这种想法。

### 民法典讲堂

媛媛妈妈可以不让爸爸来探望媛媛吗?

《民法典》第一千零八十六条第一款规定：“离婚后，不直接抚养子女的父或者母，有探望子女的权利，另一方有协助的义务。”

《最高人民法院关于适用〈中华人民共和国民法典〉婚姻家庭编的解释（一）》第六十八条规定：“对于拒不协助另一方行使探望权的有关个人或者组织，可以由人民法院依法采取拘留、罚款等强制措施，但是不能对子女的人身、探望行为进行强制执行。”

探望权是离婚后不直接抚养子女的一方享有的正当权利，正当行使探望权可以让未成年子女在父母离婚后依然感受到父母双方的关爱，有利于子女的身心健康。同时，协助行使探望权是直接抚养子女的一方应当履行的法定义务，如果拒绝协助，很可能会受到法律的“惩治”，如拘留、罚款。

媛媛的爸爸和妈妈虽然离婚了，但是爸爸和媛媛之间的父女亲情并没有改变，媛媛妈妈不能因为大人之间的恩怨就让媛媛失去爸爸的关怀。媛媛应当勇敢地将自己想见爸爸的想法说出来，同时用真情感动妈妈，让妈妈放下心中的芥蒂，重新允许爸爸来探望她。

## 爸妈离婚后我改随妈妈姓，爸爸可以因此不给抚养费吗？

### 民法典小案

在晓瑜还很小的时候，她的爸爸妈妈就离婚了。爸妈离婚后，晓瑜跟随妈妈一起生活。在此期间，爸爸除了每月给晓瑜抚养费以外，很少来探望她，平时也不怎么关心她。妈妈对于爸爸的做法感到非常心寒，便不想让晓瑜再继续随爸爸的姓了。妈妈在征求晓瑜同意后，将晓瑜改为随她的姓。爸爸得知这件事后，要求妈妈立刻将晓瑜的姓氏改过来，否则他以后就不会再继续给晓瑜生活费了。两人因此产生了矛盾，最终相持不下，闹得很不愉快。

### 民法典讲堂

爸爸可以因为晓瑜改姓就不给她生活费吗？

《民法典》第一千零六十七条第一款规定：“父母不履行抚养义务的，未成年子女或者不能独立生活的成年子女，有要求父母给付抚养费的权利。”

第一千零八十四条第一款规定：“父母与子女间的关系，不因父母离婚而消除。离婚后，子女无论由父或者母直接抚养，仍是父母双方的子女。”

《最高人民法院关于适用〈中华人民共和国民法典〉婚姻家庭编的解释（一）》第五十九条规定：“父母不得因子女变更姓氏而拒付子女抚养费。父或者母擅自将子女姓氏改为继母或继父姓氏而引起纠纷的，应当责令恢复原姓氏。”

当父母离婚后，不直接抚养子女的一方与子女之间的关系并不会改变，依然需要对子女承担抚养、教育、保护的责任。其中，向子女给付抚养费就是一种最直接的表现方式。在离婚后，由于抚养关系的改变，父母有时会更改子女的姓氏。只要子女的姓氏仍然随父母之中任何一方的姓氏，这样的更改就是合理的，另一方不得因此拒绝支付抚养费。

晓瑜改随妈妈姓，爸爸仍然需要定期向晓瑜给付抚养费。但是，出于父母子女关系和谐的考虑，妈妈在作出给晓瑜改姓的决定前，应当心平气和地与爸爸商量，这样可以避免日后出现纠纷和麻烦。

## 好朋友的爸爸妈妈去世了，我爸妈能“收养”他吗？

### 民法典小案

贝贝有个好朋友名叫心儿，两人在学校形影不离，感情像亲姐妹一样好。贝贝家里只有她一个孩子，她一直都很想有一个像心儿这样的姐妹做伴。一天，噩耗突然降临在年仅十一岁的心儿头上，她的父母在一起事故中双双去世了。心儿没有其他亲人，父母去世后很可能被送到孤儿院。贝贝得知这个消息以后，非常伤心。但是她想到，可以让爸爸妈妈收养心儿，这样心儿既不用去孤儿院，她还可以多一个姐妹。于是，贝贝将这个想法告诉了爸爸妈妈，他们听说以后，立刻就同意了，表示愿意给心儿一个家。

### 民法典讲堂

贝贝的爸爸妈妈可以收养父母双亡的心儿吗？

《民法典》第一千零九十三条规定：“下列未成年人，可以被收养：

（一）丧失父母的孤儿；

（二）查找不到生父母的未成年人；

（三）生父母有特殊困难无力抚养的子女。”

第一千零九十八条规定：“收养人应当同时具备下列条件：

（一）无子女或者只有一名子女；

（二）有抚养、教育和保护被收养人的能力；

（三）未患有在医学上认为不应当收养子女的疾病；

（四）无不利于被收养人健康成长的违法犯罪记录；

（五）年满三十周岁。”

第一千一百零四条规定：“收养人收养与送养人送养，应当双方自愿。收养八周岁以上未成年人的，应当征得被收养人的同意。”

当收养人和被收养人符合法律规定的条件时，就可以形成有法律效力的收养关系。

贝贝的父母只有一个孩子，如果还符合上述第一千零九十八条规定的其他条件，他们就可以成为收养人。而心儿父母双亡，是无父无母的孤儿，符合被他人收养的条件。心儿已十一岁，收养应该经她同意。如果心儿同意，贝贝的爸爸妈妈可以收养她作为养女，就可以去办理收养手续，与心儿正式成为一家人。

## 被他人收养以后，可以保留原来的姓名吗？

### 民法典小案

乐乐的妈妈是一名单亲妈妈，乐乐从小就不知道自己的爸爸是谁。不久前，乐乐的妈妈得了重病，不幸因病去世了，乐乐彻底变成了一名孤儿。妈妈的好朋友张阿姨得知这件事以后，十分心疼乐乐，提出想要收养她，征求她的意见。乐乐很喜欢温柔善良的张阿姨，便同意了张阿姨的提议，成了她家的一分子。住进张阿姨家里以后，张阿姨和她的丈夫都对乐乐非常好，将她当作亲生女儿一样对待，乐乐觉得自己很幸福。但是，乐乐心中还藏着一个小秘密，她的名字是妈妈取的，也随妈妈的姓，为了纪念妈妈，乐乐不想更改自己的名字，她担心有一天张阿姨提出来让自己改名。于是，乐乐鼓足勇气，将自己的想法告诉了新妈妈——张阿姨。

### 民法典讲堂

乐乐在被收养以后，依法可以保留原来的姓名吗？

《民法典》第一千一百一十二条规定：“养子女可以随养父或者养母的姓氏，经当事人协商一致，也可以保留原姓氏。”

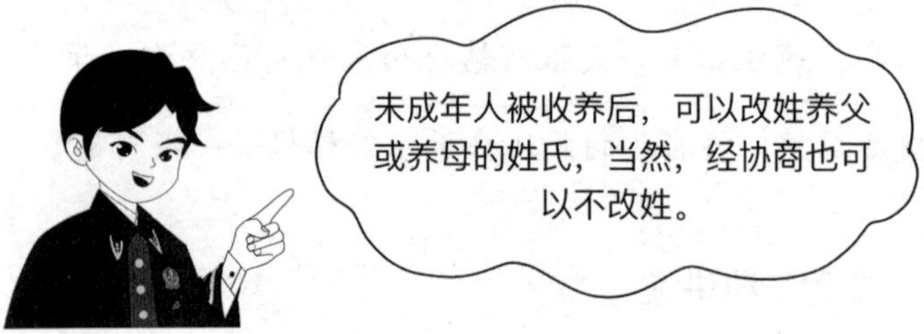


收养关系成立以后并不是必须更改姓氏，只要双方协商一致，被收养人当然可以保留原来的姓氏。

乐乐被张阿姨收养以后，想要保留原来的名字来纪念妈妈，这是可以理解的。张阿姨通情达理，在得知乐乐的想法后不仅没有不高兴，还安慰乐乐，值得点赞。

## 不想收养孩子了，要征得孩子的同意吗？

### 民法典小案

小勇今年十岁，从小就在福利院里长大。一天，一对夫妻来到福利院，表示想要领养一个孩子。在众多孩子中，这对夫妻一眼就喜欢上了虎头虎脑的小勇，提出想要收养他。而小勇也为自己马上就要有家庭而感到开心。很快，这对夫妻就正式办理了收养手续，成了小勇的养父母。进入新家庭后，小勇有些不适应，和养父养母的交流比较少。小勇的性格又比较调皮，转到新学校的第一天就因为和同学打架把同学打伤了。过了几个星期，养父养母觉得和小勇的性格合不来，想要解除收养关系。小勇知道后十分难过。

### 民法典讲堂

如果养父养母要解除收养关系，需要征求小勇的同意吗？

《民法典》第一千一百一十四条第一款规定：“收养人在被收养人成年以前，不得解除收养关系，但是收养人、送养人双方协议解除的除外。养子女八周岁以上的，应当征得本人同意。”

收养关系一旦成立，就不能随意解除，这样规定是为了能够更好地保护被收养人的权利和身心健康。如果无论如何都要解除收养关系的，必须经过收养人和送养人的一致同意。

小勇被收养以后，养父养母想要解除收养关系，首先需要和福利院进行协商。而小勇今年十岁，同样有权利对收养关系是否解除表达自己的意见。

收养孩子并不是一件容易的事，对于被收养的孩子来说，能够重新拥有一个家庭也是可遇而不可求的。小勇和养父养母虽然暂时相处不融洽，但是应当互相抱着包容的态度继续相处，在日常生活中慢慢培养感情。而小勇好不容易有了家庭，如果解除收养关系，无疑会给小勇带来更大的伤害。为了能使家庭关系更加融洽，小勇也需要从自身努力，好好表现。

## 被收养后，经常被虐待的孩子该怎么求助？

### 民法典小案

笑笑住在福利院，因为她性格乖巧懂事，很快就被一对夫妻收养了。他们收养笑笑以后，没过几年就生下了一个小弟弟。自从弟弟出生以后，养父就开始偏心自己的孩子，越来越不喜欢笑笑，经常对她冷嘲热讽，有时还会动手打她。每次弟弟一哭，养父就会不分青红皂白直接将笑笑“教训”一顿。而养母虽然不会虐待笑笑，但因为性格比较懦弱，也从来不敢对养父的行为说些什么。笑笑在这样的环境下成长，不仅每天身上出现新的伤疤，心理健康也出现了一定的问题。

## 民法典讲堂

笑笑被养父虐待，可以怎么求助呢？

《民法典》第一千一百一十四条第二款规定：“收养人不履行抚养义务，有虐待、遗弃等侵害未成年养子女合法权益行为的，送养人有权要求解除养父母与养子女间的收养关系。送养人、收养人不能达成解除收养关系协议的，可以向人民法院提起诉讼。”

收养关系成立以后，收养人应当尽职尽责地履行抚养义务，善待、关爱被收养人，让被收养人健康成长，不得虐待、遗弃被收养人。

笑笑被收养以后，养父经常虐待她，对她的身心健康都造成了严重的影响。笑笑可以向当地的居委会、村委会、公安机关等求助，也可以将相关情况反映给当初她居住的福利院。相关机构在核实情况后，应对养父养母进行教育，制止他们的虐待行为。福利院还可以根据笑笑的意愿，与养父养母协商解除收养关系。如果无法达成一致的，福利院可以直接向法院提起诉讼。

# 第三章 财产保护

## 与青少年密切相关的
## 《民法典》物权编法律常识

## 继承得来的房屋，可以直接转卖吗？

### 民法典小案

瑞瑞是家里的独生子，从小就聪明伶俐，备受长辈喜爱。除了爸爸妈妈以外，最疼爱他的莫过于奶奶了。奶奶得了重病后，留下了一纸遗嘱，将自己的房子留给了最疼爱的瑞瑞。奶奶去世后，家人们考虑瑞瑞年龄还小，便一直没有办理房屋过户手续。瑞瑞大学毕业以后，父母打算给他买一套位于市中心的新房，让他以后结婚用，但是首付款还差不少。于是，瑞瑞想到了奶奶留给自己的那套房屋。那套房屋已经闲置了很久，一直没有人居住。瑞瑞便和爸爸妈妈商量把那套房屋转卖出去，用所得的钱来付首付款。

### 民法典讲堂

瑞瑞从奶奶那里继承得来的房屋，可以直接转卖吗？

《民法典》第二百零九条第一款：“不动产物权的设立、变更、转让和消灭，经依法登记，发生效力；未经登记，不发生效力，但是法律另有规定的除外。”

第二百三十条规定：“因继承取得物权的，自继承开始时发生效力。”

第二百三十二条规定："处分依照本节规定享有的不动产物权，依照法律规定需要办理登记的，未经登记，不发生物权效力。"

如果因为继承而取得物权，那么继承开始以后，继承人就可以取得遗产的所有权。但是，如果遗产是如房屋这类需要经过登记才能发生物权变动效力的不动产，那么继承人虽然可以在继承开始后取得所有权，但却不能随意转卖该遗产，必须到相关部门进行变更登记之后，才能进行转卖等行为。

瑞瑞的奶奶留下遗嘱，将房屋留给瑞瑞。奶奶去世后，瑞瑞可以凭借该遗嘱主张自己是该房屋的所有人。但是，如果瑞瑞想要将该房屋出售，必须先到房屋登记机关办理过户登记手续，把房产证上的名字变更为自己的，然后才能进行转卖。

## 爷爷给我买的钢琴，爸妈离婚时能将其作为财产分割吗？

### 民法典小案

莹莹从小就展露出了很高的音乐天赋，爸爸妈妈发现这点后，为她报了钢琴课外班，想将她培养成一个音乐才女。莹莹进步飞速，还在市里的钢琴比赛中拿了奖。爷爷得知这件事后非常高兴，出钱购买了一台高档钢琴，作为庆祝莹莹得奖的礼物送给了她。几年以后，莹莹的爸爸妈妈感情破裂，走到了离婚的地步。在协议分割财产时，爸爸提到了爷爷送的钢琴，建议将这台价值不菲的钢琴也作为夫妻共同财产进行分割。妈妈不同意，认为这台钢琴是爷爷送给莹莹的，莹莹才是钢琴的主人。

### 民法典讲堂

爷爷赠送给莹莹的钢琴，爸爸妈妈在离婚时能将它当作夫妻共同财产予以分割吗？

《民法典》第二百四十条规定：“所有权人对自己的不动产或者动产，依法享有占有、使用、收益和处分的权利。”

对于一项财产来说，所有权人可以把使用权等权利转让给他人，但只有所有人才能处分财产。例如，小张有一套房屋，他可以将这套房屋出租给小王。当小王租赁该房屋以后，可以根据该房屋的用途，在房屋内居住、经营等。但是，小王对房屋只享有占有、使用、收益的权利，并不能将房屋转卖给他人。

钢琴是爷爷购买送给莹莹的，因此所有权属于莹莹。虽然她还是未成年人，但这并不代表爸爸妈妈可以随意处分她的财产，即爸爸妈妈不能将这台钢琴作为夫妻共同财产予以分割。爸爸妈妈也需要尊重莹莹的财产权，保护她的权利不受损害。

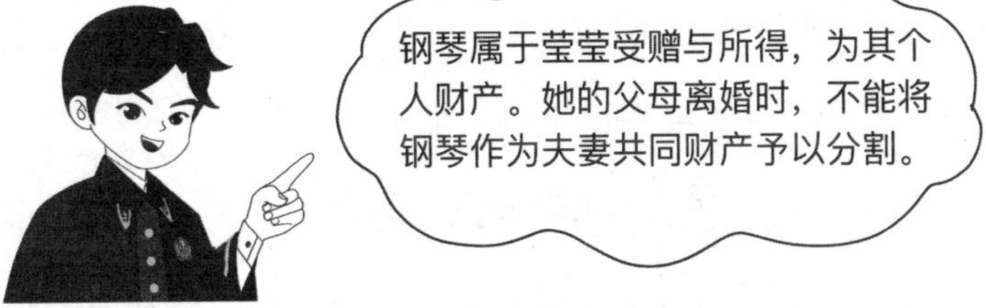

## 我自己有钱，能想怎么花就怎么花吗？

### 民法典小案

小宸今年十一岁，为了培养他的理财意识，妈妈用他的名字办了一张银行卡，将半年的零花钱存进了卡里，并将卡交给小宸保管。妈妈交代小宸，每花一笔钱后都要记好账，她每个月都会检查。小宸心中十分兴奋，但是没过多久，他就把银行卡里的钱花光了。妈妈有些生气，教训小宸不该大手大脚，决定以后还是自己替小宸保管零花钱。而小宸挨了骂以后，心里也觉得很委屈。

### 民法典讲堂

小宸自己的钱可以想怎么花就怎么花吗？

《民法典》第十八条规定：“成年人为完全民事行为能力人，可以独立实施民事法律行为。

“十六周岁以上的未成年人，以自己的劳动收入为主要生活来源的，视为完全民事行为能力人。”

第十九条规定：“八周岁以上的未成年人为限制民事行为能力人，实施民事法律行为由其法定代理人代理或者经其法定代理人同意、追认；但是，可以独立实施纯获利益的民事法律行为或者与其年龄、智力相适应的民事法律行为。”

第二十条规定：“不满八周岁的未成年人为无民事行为能力人，由其法定代理人代理实施民事法律行为。”

随着生活水平越来越高，很多未成年人都有了属于自己的“小金库”。虽然这些财产都归未成年人本人所有，但这并不代表想怎么花都行。对于不满八周岁的未成年人来说，他们完全不具备民事行为能力，所有的民事行为都需要由法定代理人来代劳。即使有钱，日常生活中的花销也完全需要由父母来决定。而八周岁以上的未成年人是限制民事行为能力人，可以实施符合自己年龄和智力水平的民事行为。例如，用自己的零花钱购买书、文具这样的小额花销，未成年人自己完全可以独立完成。但是，如果花销数额较大，一次性需要花费大量金钱的，需要由法定代理人同意或追认，民事法律行为才能生效。例如，十四周岁的小山在没有取得父母同意的情况下，为家里购买了一辆价值三千元的电动车。这样大额的花销明显超出了他的年龄所能达到的认知能力，如果父母不进行追认，那么他购买电动车的行为就不能发生法律效力。

小宸只有十一岁，他的年龄还比较小，所能支配的金钱额度也是比较小的。妈妈想要锻炼他的理财能力，这一点值得肯定，但同时还要考虑到他的年龄是否能够处理好大额财产的花销问题，控制他经手的金钱数额。作为青少年，我们也要管好自己，绝不能大手大脚地花钱，不能“想怎么花就怎么花”。

## 对于好朋友的东西，我能不经其同意想拿就拿、想用就用吗？

### 民法典小案

明明和阿芬是一对很好的朋友，平时两人总是不分你我，有什么好东西经常一起分享。前不久，阿芬过生日，妈妈给她买了一条围巾。阿芬非常喜欢这条围巾，每天都戴着它去学校上课。明明看到阿芬的围巾后，也非常喜欢。这天正好轮到阿芬做值日，她让明明先回家。阿芬正在忙活时，明明没和她说一声就擅自将围巾戴走了。阿芬做完值日以后找不到围巾，非常着急。第二天一早，阿芬向明明说起围巾的事，明明这才说出自己将围巾戴走了，今天早上忘记带来学校。听了明明的话，阿芬非常不高兴。而明明却觉得，两人是好朋友，这点小事没什么。

## 民法典讲堂

明明能因为阿芬是她的好朋友就随便拿用阿芬的东西吗？

《民法典》第二百四十条规定："所有权人对自己的不动产或者动产，依法享有占有、使用、收益和处分的权利。"

第二百六十七条规定："私人的合法财产受法律保护，禁止任何组织或者个人侵占、哄抢、破坏。"

我们每个人都会有属于自己的财产，小到一支铅笔、一块橡皮，大到一套房屋、一辆汽车，只要我们对这些物品享有所有权，就代表这是我们的私人物品，其他任何人或者组织都不能侵占、哄抢、破坏。而我们也需要保护和尊重他人的所有权，对于他人的私有物品，即使是再好的朋友、再亲近的亲人，也不能随意侵犯他人的所有权，随意拿取别人的东西。

明明和阿芬虽然是好朋友，但仍然需要各自保留一定的私人空间。好朋友之间互相交换东西是很正常的事情，但这一定要在双方同意的情况下进行。如果对方不同意，绝不能因为关系好就擅自将他人的物品拿走，这样做是不尊重他人权利的表现。明明应当反省自己擅自拿走阿芬围巾的行为，向阿芬道歉，以求得她的原谅。

## 我们有权在自己家门口的楼道里堆放物品吗？

### 民法典小案

丹丹家最近买了一套新家具，便将旧家具搬出了房屋。妈妈舍不得扔掉旧家具，一时又没有人上门回收，于是，就把旧家具放在了自家门口的楼道内。这旧家具占用了一大块空间，楼道内变得很狭窄，时间一长，邻居都十分不满。有人向物业公司反映了情况，物业公司派工作人员上门提醒丹丹家将旧家具搬离楼道。

### 民法典讲堂

丹丹家有权在家门口的楼道里堆放旧家具吗？

《民法典》第二百七十三条第一款规定："业主对建筑物专有部分以外的共有部分，享有权利，承担义务；不得以放弃权利为由不履行义务。"

《消防法》第二十八条中也规定，任何单位、个人不得占用、堵塞、封闭疏散通道、安全出口、消防车通道。

我们绝大多数人都有和邻居"打交道"的经历。在平时的生活中，很可能会因为噪声、生活习惯等问题与邻居之间产生一些摩擦。而对于房屋的所有人来说，虽然其对房屋及

其共有部分都享有权利，但在行使权利时必须遵循法律的规定，遵守社会公德，尊重他人权益，不得损害其他业主的合法利益。其中，侵占公共空间、占用通道就是侵害其他业主

合法利益的表现。并且，占用通道还可能造成消防隐患，后患无穷。

楼道、楼梯间都属于公共空间，是大家通行的通道，丹丹家将旧家具堆放在自己家门口楼道内的行为是不对的，应当尽快将楼道清理干净，并且要避免类似情况再次发生。

## 我们可以随便在家里开个超市吗？

### 民法典小案

晶晶的妈妈自从生了晶晶的妹妹以后，身体一直不太好，于是辞职回家当起了家庭主妇。虽然晶晶妈妈每天将家里照料得井井有条，但看到生活的重担都落到晶晶爸爸一个人的身上，她还是觉得很过意不去。晶晶妈妈很想做一些能够在家里完成的副业，一方面能挣些外快，另一方面还可以照顾晶晶和其妹妹。经过多方调查，晶晶妈妈发现开一个小超市是个不错的选择，直接将超市开在家里的话，不仅能省下一笔盘店面的费用，还能让邻居们帮忙打打广告，增加客流量。

### 民法典讲堂

晶晶妈妈可以在家里开一间超市吗？

《民法典》第二百七十九条规定：“业主不得违反法律、

法规以及管理规约，将住宅改变为经营性用房。业主将住宅改变为经营性用房的，除遵守法律、法规以及管理规约外，应当经有利害关系的业主一致同意。”

业主是可以将住宅改变为经营性用房的，但是需要满足两个条件：第一，不得违反法律、法规以及管理规约的强制性规定。也就是说，业主不仅要保证其改变住宅性质的行为不违反规定，还要保证其从事的经营不违反规定。第二，应当取得有利害关系的业主的一致同意。经营性用房与住宅不同，每天都可能有顾客出入，对周围邻居居住的安全性以及安稳性都有一定的影响。因此，业主要将住房改变为经营性用房的，必须取得其他有利害关系的业主的一致同意，一旦有人反对，就行不通了。

晶晶妈妈想要利用自己的住宅开一间小超市，这一行为本身并不触犯法律的规定。但是，她同时还要考虑本小区的业主管理规约等规定中是否允许业主随意更改住宅的性质。如果允许，她还要征求其他有可能受到经营活动影响的其他业主，如同一单元的邻居的一致同意。

## “拾金已昧”，是违法行为吗？

### 民法典小案

小松是一名大学生，在自习室里捡到了一部别人落下的平板电脑。捡到以后，小松立刻在学校论坛和学生群里发布了失物招领启事，寻找平板电脑的失主，但很多天都没有人来认领。同宿舍的同学有的建议小松将平板电脑交给老师处理，有的建议没人领就干脆自己留下。小松表示，肯定不能自己留下，失主一定很着急，于是他又扩大了失物招领的宣传范围。终于，有一名同学联系到小松，表示自己是平板电脑的主人，刚刚看到小松发布的招领启事。

### 民法典讲堂

如果将捡到的东西留着自己使用，是违法行为吗？

《民法典》第三百一十四条规定：“拾得遗失物，应当返还权利人。拾得人应当及时通知权利人领取，或者送交公安等有关部门。”

《刑法》第二百七十条第一款规定：“将代为保管的他人财物非法占为己有，数额较大，拒不退还的，处二年以下有期徒刑、拘役或者罚金；数额巨大或者有其他严重情节的，处二年以上五年以下有期徒刑，并处罚金。”

当捡到他人丢失的物品以后，必须将物品归还给他人，这不仅是我国几千年来的道德要求，也是我国法律的要求。如果无法找到失主的，应当将遗失物尽快送交给公安机关等，决不能据为己有。如果将遗失物据为己有，在遗失物的价值达到法律规定的立案标准的情况下，会成立侵占罪，需要承担刑事责任。

小松捡到平板电脑以后，发布了失物招领启事，最终成功找到失主。小松拾金不昧的做法是值得肯定和表扬的，如果他“拾金已昧”，则是违法的。

## 我家人在寻物启事中承诺“如有拾得，必有重谢”，事后可以就“重谢”反悔吗？

### 民法典小案

小海一家出门旅游时，不慎将一件行李箱弄丢了。该行李箱中放着重要证件，一家人非常着急，找了好几个地方都没能找到。于是，爸爸连忙报了警，并在网上发布了寻物启事，想要借助网友的力量来帮忙寻找行李箱。在寻物启事中，爸爸向大家承诺“如有拾得，必有重谢”。没过多久，一位男士给爸爸打来了电话，表示自己捡到了被小海一家人落在车站的行李箱，愿意给他们送过来，但是提到了爸爸所说的“必有重谢”，言外之意，想要一定的报酬。爸爸听说以后，临时反悔不想给报酬了，只想给他报销来回的路费。

### 民法典讲堂

小海的爸爸承诺“如有拾得，必有重谢”，领取行李箱时可以反悔吗？

《民法典》第三百一十七条规定：“权利人领取遗失物时，应当向拾得人或者有关部门支付保管遗失物等支出的必要费用。

“权利人悬赏寻找遗失物的，领取遗失物时应当按照承诺履行义务。

“拾得人侵占遗失物的，无权请求保管遗失物等支出的费用，也无权请求权利人按照承诺履行义务。”

权利人在领取遗失物时，应当履行以下两个义务：

第一，支付保管遗失物的必要费用。例如，甲捡到乙的遗失物以后无法随身携带，又担心再次弄丢，便将它寄存起来。寄存所产生的费用属于必要支出，当乙领取遗失物时，应当支付甲所支出的寄存费用。

第二，如果权利人承诺向拾得人支付报酬的，应当按照承诺支付报酬。这是权利人的法定义务，同时也是诚信原则的要求。

小海的爸爸承诺只要找回行李箱，就有重金酬谢。在拾得人返还行李箱以后，爸爸应当按照承诺向其支付报酬，而不能仅仅以报销来回路费为借口来逃避支付报酬。这样做不仅是为了履行法定义务，更是信守承诺的表现。

## 地里挖出“古董”，河边捡到“漂流物”，这些是谁捡到就归谁吗？

### 民法典小案

晨晨的爸爸平时很喜欢钓鱼，经常带着他去钓鱼。一次，爸爸抛竿后，感觉鱼钩好像钩到了什么，连忙拉起竿来。晨晨和爸爸一看，钓上来的并不是鱼，而是一个包裹。包裹拆开后，里面是一件精美又古朴的首饰盒，首饰盒里有一枚戒指和头钗。爸爸一看，认为这些东西肯定价值不菲，应当立刻交到公安局去。可一旁的钓友却说晨晨爸爸是个“死心眼”，还说这种河里的漂流物肯定找不到失主，肯定是谁捡到就归谁，劝他们赶紧把东西拿回家。

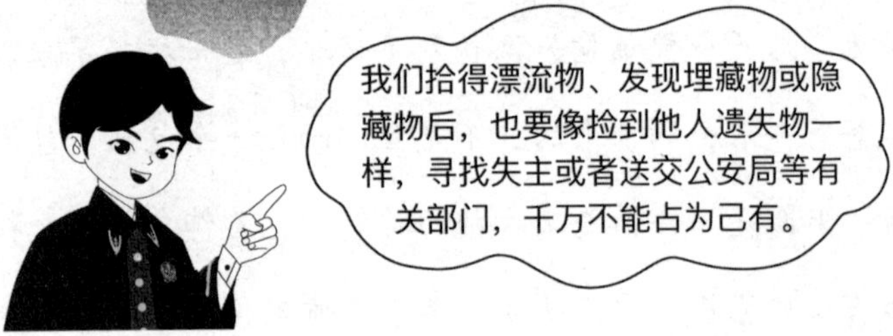


## 民法典讲堂

地里挖出“古董”，河边捡到“漂流物”，是谁捡到就归谁吗？

《民法典》第三百一十九条规定：“拾得漂流物、发现埋藏物或者隐藏物的，参照适用拾得遗失物的有关规定。法律另有规定的，依照其规定。”

漂流物、埋藏物、隐藏物都有一个共同的特点，那就是所有权人难以确定。比如我们在地里种植农作物时发现了土地中的埋藏物，我们很难确定这一埋藏物是何时埋下的，也无法找出是谁埋下的。但是，这并不代表在发现埋藏物、漂流物，或者隐藏物时可以据为己有，而是需要像捡到他人的遗失物时一样，将物品交给公安等有关部门，由他们来发布招领启事，寻找具体的权利人。

晨晨和爸爸可以将“钓到”的首饰盒交到附近的派出所，由警察来寻找它的主人。如果招领公告发布超过法律规定的时间以后，仍然没有人来认领，那么这个首饰盒依然不能归晨晨和爸爸所有，而是要归国家所有。

## 什么是居住权？未成年人有获得居住权的权利吗？

### 民法典小案

卉卉的爸爸妈妈离婚了，卉卉跟随妈妈一起生活。后来，妈妈因工作调动，决定带着卉卉搬离目前居住的城市。卉卉的爷爷奶奶知道这件事情以后，觉得他们以后和卉卉相处的时间肯定会变得更短，非常舍不得她。于是，老两口决定，在他们名下的一套房屋上为卉卉和妈妈设立了居住权，以便他们随时来居住，想住多久就住多久。

### 民法典讲堂

什么是居住权？

《民法典》第三百六十六条规定：“居住权人有权按照合同约定，对他人的住宅享有占有、使用的用益物权，以满足生活居住的需要。”

第三百六十七条规定：“设立居住权，当事人应当采用书面形式订立居住权合同。

“居住权合同一般包括下列条款：

（一）当事人的姓名或者名称和住所；

（二）住宅的位置；

（三）居住的条件和要求；

（四）居住权期限；

（五）解决争议的方法。”

第三百六十八条规定：“居住权无偿设立，但是当事人另有约定的除外。设立居住权的，应当向登记机构申请居住权登记。居住权自登记时设立。”

第三百六十九条规定：“居住权不得转让、继承。设立居住权的住宅不得出租，但是当事人另有约定的除外。”

第三百七十条规定：“居住权期限届满或者居住权人死亡的，居住权消灭。居住权消灭的，应当及时办理注销登记。”

第三百七十一条规定：“以遗嘱方式设立居住权的，参照适用本章的有关规定。”

以上是《民法典》关于居住权的规定。通俗来讲，他人通过订合同、立遗嘱的方式，允许我们在他人的房屋里居住生活，这就代表我们对他人的房屋享有居住权。在设立居住权时，应当及时进行登记，否则居住权无法具备法律效力。设立居住权后，双方当事人可以约定居住权期限。居住权具有人身专属性，不可以继承或者转让。如果居住权人去世，无论居住权期限是否届满，居住权都归于消灭。

未成年人有获得居住权的权利吗？

《民法典》并没有限制获得居住权的年龄，因此，未成年人也可以获得居住权。但是，签订居住权合同是一种民事法律行为，必须具备相应的民事权利能力才能签订。未成年人为限制民事行为能力人或者无民事行为能力人，一般不具备签订居住权合同的能力，需要由其法定代理人代劳。

卉卉的爷爷奶奶通过合同方式为卉卉和妈妈设立居住权，可以由妈妈代替卉卉签订合同。当居住权合同成立，并且经过居住权登记以后，卉卉她们便享有居住权了。

## 朋友借给我看的书被他人拿走，久久不还，我有权要求他返还给我吗？

### 民法典小案

佩佩的同学小禾家里有很多藏书，她们经常一起在小禾家里开读书会。某天放学后，佩佩又来到小禾家里看书。她挑选了一本喜欢的书读了起来，不知不觉天快黑了。于是，佩佩向小禾借走了这本书，并约好看完以后还给她。没想到，佩佩不小心将这本书落在了学校，并被同班同学雨儿捡到。佩佩得知雨儿捡到书以后，立刻表示这本书是自己落下的。雨儿也很喜欢这本书，便留下阅读，许久没有还给佩佩。佩佩要求她归还，她却说道："这本书是小禾的，小禾来找我要，我才会还给她。"佩佩对雨儿强行霸占书的行为十分不满。

### 民法典讲堂

佩佩有权要求雨儿还书吗？

《民法典》第四百六十二条规定："占有的不动产或者动产被侵占的，占有人有权请求返还原物；对妨害占有的行为，占有人有权请求排除妨害或者消除危险；因侵占或者妨害造成损害的，占有人有权依法请求损害赔偿。

“占有人返还原物的请求权，自侵占发生之日起一年内未行使的，该请求权消灭。”

本条规定了对财产的合法占有人权利的保护措施。在我们的生活中，有时会发生占有他人财产的情况，例如，向他人借用或租用一样东西，或暂时帮助他人保管物品等。在这些情况下，我们对他人的东西虽然不享有所有权，但由于物品的实际支配权在我们手上，因此我们同样有权保证物品权利不受侵犯。

佩佩从小禾那里将书借走以后，成为这本书的占有人。雨儿在捡到书以后久久不归还，佩佩虽然不是书真正的主人，但作为占有人，同样有权利要求她将书返还。雨儿应当在捡到书以后尽快返还给佩佩或小禾，不能强行霸占。

# 第四章 尊重人格

## 与青少年密切相关的《民法典》人格权编法律常识

## 虽然我还是个孩子，但是我想捐献器官，可以吗？

### 民法典小案

双双今年十一岁，她从小就学习古筝。双双经常将自己弹奏古筝的视频发到网上，和其他古筝爱好者交流，也因此认识了和她年龄相仿的琳琳。一天，双双在和琳琳聊天时，琳琳说自己被诊断出了尿毒症，以后无法经常和她聊天了。双双听后，到网上进行了一番搜索，得知要想治愈尿毒症必须换肾。双双不想失去这个兴趣相投的好朋友，便向琳琳表示她愿意去医院配型，为琳琳捐献一个肾脏。琳琳听后十分高兴。随后，双双将自己的想法告诉了爸妈，但爸妈却表示，她年龄还小，是不能捐献器官的。

### 民法典讲堂

双双可以为琳琳捐献肾脏吗？

《民法典》第一千零六条规定：“完全民事行为能力人有权依法自主决定无偿捐献其人体细胞、人体组织、人体器官、遗体。任何组织或者个人不得强迫、欺骗、利诱其捐献。

“完全民事行为能力人依据前款规定同意捐献的，应当采用书面形式，也可以订立遗嘱。

“自然人生前未表示不同意捐献的，该自然人死亡后，其配偶、成年子女、父母可以共同决定捐献，决定捐献应当采用书面形式。”

捐献器官这一类的决定是非常重大的，需要反复衡量以后才能作出。对于未成年人来讲，一方面他们的心智相对来说还不成熟，没有办法很好地认识到捐献器官意味着什么，会给身体带来什么样的后果。另一方面他们的身体还没有发育完善，捐献器官很可能给身体造成很大的负担。因此，未成年人是不能自主决定是否要捐献器官的。

双双想要救助朋友，这样的心情可以理解，乐于助人的精神也值得肯定。但是她还是一个十一岁的未成年人，并不具备独立决定是否要捐献器官的能力。因此，即使双双和琳琳配型成功，双双也不能将肾脏捐献给琳琳。双双可以从精神上鼓励好朋友，帮助她一起战胜病魔。

## 在网上被色狼骚扰，该怎么办？

### 民法典小案

小佩是一名高中生，她性格开朗，平时喜欢广交朋友。小佩在网络聊天室里认识了一位名叫“爽风”的男网友。爽风说自己已经步入社会，在小佩看来，他风趣幽默，谈吐之

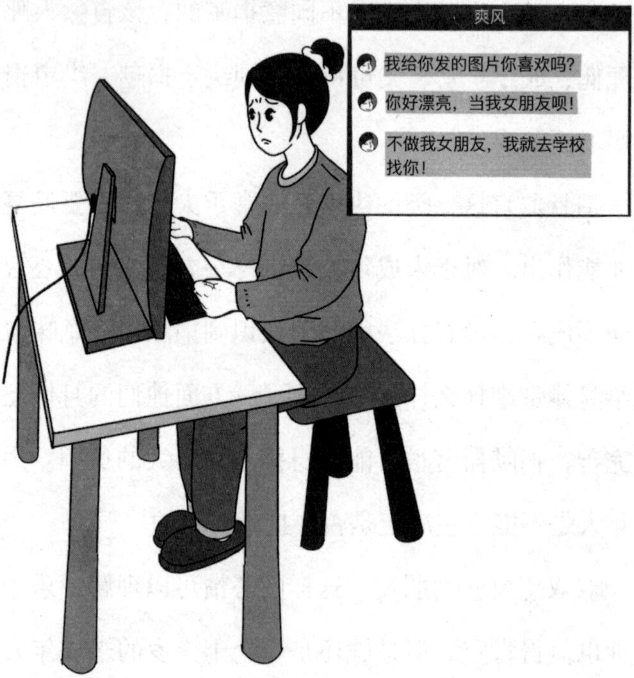


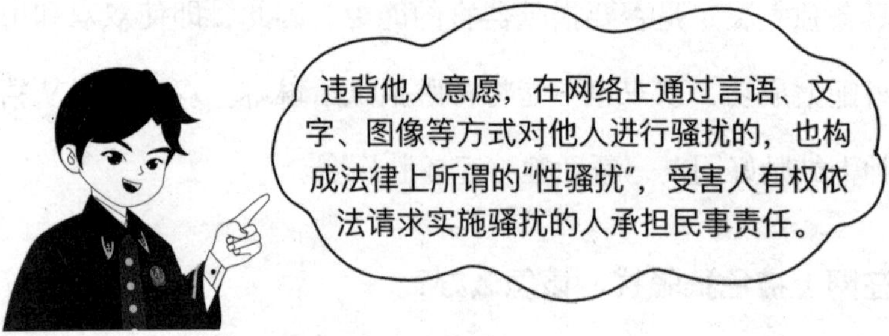


间有一种大人的成熟，平时还总是给她讲一些生活中的小趣事，小佩很喜欢和他聊天，把他当成“忘年交”。一次聊天时，小佩无意中告诉爽风自己是一名高中女生。自此以后，爽风经常给小佩发送一些暧昧的消息，还在言语中表示让她当“女朋友”。与爽风的对话让小佩心里十分不舒服，她对爽风的转变感到有些害怕，于是连忙将爽风拉黑了。没想到，爽风却换了一个账号联系小佩，表示自己知道小佩的学校在哪儿，会去找她。这让小佩既忧虑又恐慌。

## 民法典讲堂

面对性骚扰，小佩该怎么办？

《民法典》第一千零一十条规定：“违背他人意愿，以言语、文字、图像、肢体行为等方式对他人实施性骚扰的，受害人有权依法请求行为人承担民事责任。

“机关、企业、学校等单位应当采取合理的预防、受理投诉、调查处置等措施，防止和制止利用职权、从属关系等实施性骚扰。”

性骚扰，不仅限于肢体方面的骚扰，说一些淫秽的语言、发一些色情的图片等行为也属于性骚扰。当面对性骚扰时，不能坐以待毙，而要主动出击，向外界寻求帮助。首先，我们青少年保护自己是最重要的，不要直接与对方起正面冲突，应向老师、家长、公安机关等寻求帮助。

小佩在网络上遭遇了他人的性骚扰，她可以将自己与爽风的截图保存下来作为证据，然后将这件事告诉家长或老师。

家长和老师知情后，要立即帮助小佩报警。同时，小佩也可以向聊天的网络平台反映，要求其封锁爽风的账号，提供账号信息，以便警方查出对方的真实身份。得知对方的真实身份后，小佩可以通过法律途径维护自己的权益，要求其承担相应的民事责任。

## 被超市保安怀疑偷东西，被搜身，被侵犯了什么权利？

### 民法典小案

学校第二天要举办春游活动，于是小绍与好朋友小祥两人一起来到超市，准备买一些零食在明天的路上吃。进超市时，小绍背着背包，而超市的工作人员也并没有要求他存包。购买完零食以后，两人一同来到收银台结账，在结完账后顺手将小票扔进了垃圾桶里。就在两人走出超市大门时，保安却将他们拦住了，表示从监控中看到了两人偷东西。小绍和小祥一听，立刻急了，与保安争辩起来。小绍让保安报警，保安却说报警程序太麻烦，只要两人让他搜一下身就能证明他们的清白。于是，小绍和小祥只能硬着头皮让保安搜了身，保安在发现两人确实没有偷东西后，便让他们离开了。

## 民法典讲堂

保安怀疑小绍和小祥偷东西而对他们搜身，侵犯了他们的什么权利？

《民法典》第一千零一十一条规定："以非法拘禁等方式剥夺、限制他人的行动自由，或者非法搜查他人身体的，受害人有权依法请求行为人承担民事责任。"

保安强行搜身的行为侵犯了小绍和小祥的身体权。身体权包含两个方面的内容，一方面是身体完整性，也就是不受他人殴打、侵犯、搜身等行为的权利；另一方面是身体自由，也就是行动自由不受他人拘禁和约束的权利。保安怀疑小绍和小祥偷东西，如果有确切证据，应当直接将相关情况报告给公安机关，由公安机关来进行调查，而保安本身并没有对他人进行搜身的权利。

小绍和小祥可以拒绝保安搜身的要求，如果保安坚决要求搜身，那么他们可以直接找到超市负责人，向其解释清楚情况，由负责人来处理这件事。如果冲突升级，小绍和小祥还可以直接拨打 110 报警，由警察来进行调查，以维护两人的权利。

## 给我改名时，我能发表意见吗？

### 民法典小案

小牛的名字是爷爷奶奶取的，爸爸妈妈给他上户口时一时间想不出其他的名字，便暂时以姓氏加“小牛”这个名字进行了登记。后来，小牛上了小学，随着一年一年的学习，他觉得自己的名字太平常了，便萌生了改名的想法。爸爸妈妈得知后，表示赞同，决定给他改个名字。小牛十分高兴，连忙向爸爸妈妈表示自己也想参与新名字的讨论，并已经给自己起了好几个好听的新名字。而爸爸妈妈却觉得小牛年龄还小，他想的名字都太幼稚了，于是在没有征求小牛同意的情况下，直接到公安局户证窗口给小牛改了名字。

### 民法典讲堂

给小牛改名，小牛能对新名字发表意见吗？

《民法典》第一千零一十二条规定：“自然人享有姓名权，有权依法决定、使用、变更或者许可他人使用自己的姓名，但是不得违背公序良俗。”

我们未成年人同样享有姓名权，更改姓名是行使姓名权的一种方式。对于八周岁以上具有一定表达能力的未成年人来说，当然可以对更改姓名的事情发表意见。但是，由于未成年人的身份，我们还不能独立到公安局户证窗口更改姓名，需要爸爸妈妈的帮助。

爸爸妈妈和小牛可以开一个小的家庭会议，共同讨论新名字，并在充分尊重小牛意愿的基础之上给他改名。当然，如果爸爸妈妈擅自给小牛改了名字并办理了登记，小牛不能接受，也可以明确表达出自己的想法，还可以进行更改。总之，小牛对自己改名有发表意见的权利，大家应该集思广益起一个让当事人小牛满意的名字，毕竟是小牛自己的名字。但需要注意的是，爸爸妈妈应把好关，特别是要判断好新名字是否符合公序良俗。

## 冒名顶替上大学要承担怎样的法律责任?

### 民法典小案

小瑞参加高考的那天，因为中午睡午觉时没听见闹钟响，而错过了第一天下午的考试。此后，小瑞心中既担心又害怕，生怕一向严厉的爸妈会因此而责备他。于是，小瑞瞒下了这件事，只告诉爸妈他考得还行。成绩出来以后，小瑞的成绩很不理想，他不得不继续用谎言来弥补之前的错误。小瑞突然有了一个荒唐的想法，想让家里想办法，冒名顶替他人去上大学。随后，他将自己的计划告诉了好朋友，想让好朋友替他出出主意。好朋友连忙制止了小瑞的想法，并表示这样做是违法的。

### 民法典讲堂

冒名顶替他人去上大学需要承担什么样的法律责任？

《民法典》第一千零一十四条规定：“任何组织或者个人不得以干涉、盗用、假冒等方式侵害他人的姓名权或者名称权。”

《宪法》第四十六条第一款规定：“中华人民共和国公民有受教育的权利和义务。”

《刑法》第二百八十条之二第一款规定：“盗用、冒用他人身份，顶替他人取得的高等学历教育入学资格、公务员录用资格、就业安置待遇的，处三年以下有期徒刑、拘役或者管制，并处罚金。”

冒名顶替他人上学是一种严重的违法行为，甚至会成立冒名顶替罪，承担刑事责任。首先，冒用他人姓名侵犯了他人的姓名权；其次，顶替他人上学剥夺了他人受教育的机会，侵犯了他人的受教育权；最后，冒名顶替他人上学扰乱了正常的考试和招生秩序，影响到教育系统的公平性。因此，不论从哪一方面来讲，冒名顶替他人上学都是违法行为，不仅要承担赔礼道歉、赔偿损失等民事责任，还要承担三年以下有期徒刑、拘役或者管制，并处罚金的刑事责任。

小瑞因为高考成绩不理想，便想到要顶替他人上学，这样的想法绝对是错误的。如果小瑞顶替成功，无疑会使另一个人这么多年的刻苦努力化为泡影，而小瑞本人也需要承担法律责任，是一种损人不利己的行为。小瑞应当向爸妈坦诚自己错过考试的事实，大不了复读一年，但绝不能做违法之事。

## 爸妈的姓氏都太平常了，我想给自己改一个不平凡的姓氏，可以吗？

### 民法典小案

小烨的班上转来了一名新学生，复姓“慕容”。小烨听到转学生的名字以后，顿时羡慕不已。他认为自己的姓氏太过于大众了，听起来一点都不特别。于是，小烨回家以后翻起了字典，想要找到一个足够特别的姓氏，给自己改个名字。冥思苦想了两天以后，小烨决定将自己的姓氏改为“独孤”，认为“独孤”有一种大侠一样潇洒的感觉。做好决定以后，小烨立刻把这件事告诉了爸爸妈妈，想让他们帮忙去改名字。没想到，小烨的话一出，立刻就被爸爸妈妈给否决了，这让他十分郁闷。

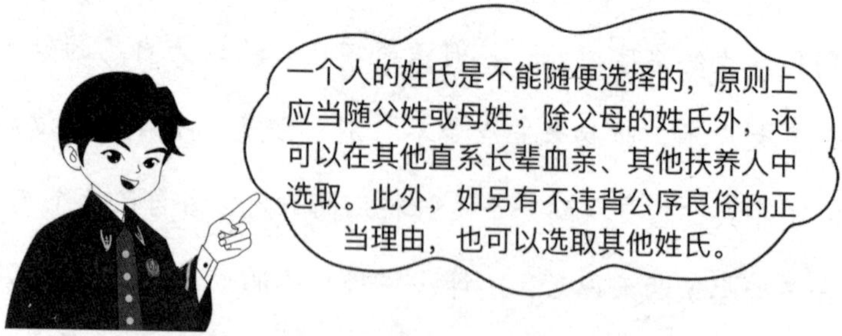

## 民法典讲堂

小烨可以随意更改自己的姓氏吗?

《民法典》第一千零一十五条规定:“自然人应当随父姓或者母姓,但是有下列情形之一的,可以在父姓和母姓之外选取姓氏:

(一)选取其他直系长辈血亲的姓氏;

(二)因由法定扶养人以外的人扶养而选取扶养人姓氏;

(三)有不违背公序良俗的其他正当理由。

“少数民族自然人的姓氏可以遵从本民族的文化传统和风俗习惯。”

在我们国家,姓氏是不能随意决定或更改的,必须结合法律以及相关风俗习惯加以确定。这是因为一般来说,姓氏是血缘关系最直接的证明方式。我国人口众多,按照法律规定确定姓氏更有利于对人口进行管理。

如果小烨想要改姓,根据法律的规定,只能在父母的姓氏以及其他直系长辈血亲(例如爷爷奶奶、姥爷姥姥)的姓氏中更改。像小烨这样随意选取一个姓氏是不可以的。

此外,未成年人也不具备独立更改姓氏的能力,只能在发表意见以后由父母修改,当然,其在成年以后,可以自行决定更改姓名。需要注意的是,无论小时候还是长大后,我们改名的时候都应当有正当理由，合法且符合公序良俗，这样公安机关才会受理更改姓名的请求。

## 发现他人盗用我的网名，能追究他的法律责任吗？

### 民法典小案

由于疫情影响，欣欣的学校有时需要上网课。为了方便她上网课，爸妈帮助她注册了一个网络账号，并让她自己想一个网名。欣欣想了很久，终于想到了一个好听的名字。同班的佳佳看到欣欣的网名以后，觉得很好听，于是没有和欣欣商量便将自己的网名改成了和欣欣一样的，唯一的区别是在网名后又添加了一个爱心的符号。欣欣看到以后十分生气，认为佳佳没有和她商量就盗用她的网名，这样的做法是不对的。于是，欣欣和佳佳为了这件事争吵起来，两人之间的关系也出现了裂痕。

### 民法典讲堂

佳佳盗用欣欣的网名，欣欣能要求她承担法律责任吗？

《民法典》第一千零一十七条规定："具有一定社会知名度，被他人使用足以造成公众混淆的笔名、艺名、网名、译名、字号、姓名和名称的简称等，参照适用姓名权和名称权保护的有关规定。”

除了我们的姓名以外，其他诸如笔名、网名、艺名等名字同样受到法律的保护。但是需要注意的是，如果笔名、网名、艺名等这类名字被他人盗用或冒用，追究他人法律责任的前提是该名字必须具有一定的社会知名度。这是因为具有一定知名度的网名、笔名、艺名等往往与本人的权利息息相关，很可能会给本人带来利益。如果这类名字被他人盗用、冒用，必然会给本人的利益造成损害。

佳佳没有经过欣欣同意就擅自使用欣欣的网名，这样的行为虽然不正确，但是欣欣并不能因此而要求佳佳承担法律责任，因为欣欣的网名并不具有社会知名度。欣欣可以把这件事和佳佳说清楚，并且她们可以一起动脑，再起一个好听的网名供佳佳使用，来解决两人之间的矛盾。

## 他人随意拍摄我的照片发到网上，这合法吗？

### 民法典小案

趁着周六，薇薇和几个朋友一起到森林公园玩。畅快地游玩了一天以后，薇薇在乘坐公交车回家的路上坐在座位上睡着了。第二天，薇薇来到学校，同学一看到她，就说道：“薇薇，昨晚我在网上看到你了！”薇薇一听，感觉十分疑惑。

放学回家以后，薇薇连忙在网上搜索相关信息，发现有一名网友拍摄了她昨天在公交车上睡觉的照片，并配上了文字：“看到一名中学生为了不给老年人让座，在座位上装睡。”薇薇定睛一看，照片中她前方确实站着一位老大爷。评论中，网友们纷纷对薇薇的行为进行了谴责，甚至还有人表示认识薇薇，知道她在哪里上学，要直接来学校批评她。薇薇看后，既愤怒又委屈。

### 民法典讲堂

他人随意拍摄薇薇的照片发到网上，这样做合法吗？

《民法典》第一千零一十八条规定：“自然人享有肖像权，有权依法制作、使用、公开或者许可他人使用自己的肖像。

肖像是通过影像、雕塑、绘画等方式在一定载体上所反映的特定自然人可以被识别的外部形象。”

每个公民都享有肖像权，这也就代表我们既有权允许他人为我们拍摄肖像，也有权拒绝他人随意拍摄我们的肖像。如果他人未经允许就拍摄我们的照片，并且不对照片进行模糊处理，以至于他人可以轻易辨别身份的，我们就有权追究对方的法律责任。

他人未经同意在公交车上拍摄薇薇的照片，并且不打码擅自发布到网上，这样做是不合法的，侵犯了薇薇的肖像权。并且，他人对薇薇睡觉的行为进行随意猜测，任意得出薇薇没有公德心的结论，并煽动网友对薇薇加以批评，这样的行为还侵犯了薇薇的名誉权，她有权要求对方承担法律责任。薇薇可以向公布照片的平台提出删除照片的要求，防止舆论进一步发酵。随后，她可以将相关情况告诉老师和家长，让他们帮忙维权。

## 将同学的照片恶搞后又大肆宣扬，这种行为违法了吗？

### 民法典小案

春游期间，小哲带上了数码相机，自告奋勇地担任起同学们的摄影师，记录下了许多游玩时的快乐时光。回到家里以后，小哲整理起拍摄的照片，打算选一些好看的打印出来分发给同学们。突然，小哲发现一张照片里无意中拍到了同班的小宏正在张着嘴打哈欠的场景。小哲觉得这一幕十分搞笑，便在照片上小宏的脸旁边用图像处理软件加了一个河马的头，将加工后的照片发到了班级群里，并在群里发送消息：“看，小宏打哈欠好像只河马！”随后，他又将这张照片发了朋友圈。小宏看到以后，又羞又气，立刻要求小哲把照片删除。但是小哲认为自己只不过是开个玩笑，小宏有点太较真儿了。

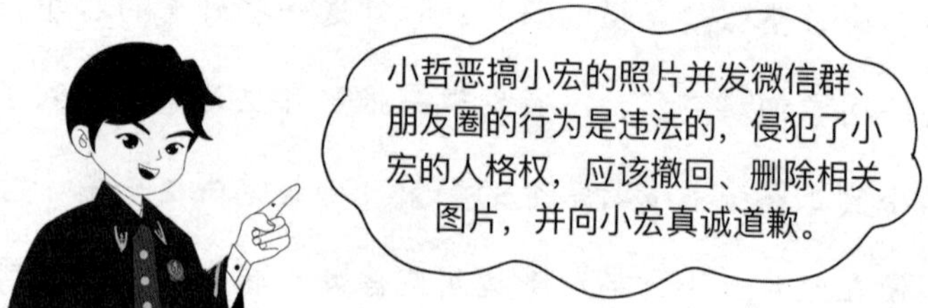


## 民法典讲堂

小哲将恶搞小宏的照片大肆宣扬的做法对吗？

《民法典》第一千零一十九条第一款规定：“任何组织

或者个人不得以丑化、污损，或者利用信息技术手段伪造等方式侵害他人的肖像权。未经肖像权人同意，不得制作、使用、公开肖像权人的肖像，但是法律另有规定的除外。”

肖像可以展示一个人的面貌，与肖像权人的利益与人格尊严息息相关。如果使用丑化、污损等方式侵害别人的肖像权，同时还很可能侵犯他人的人格尊严，包含对他人的人格进行贬低的意味。因此，将他人照片进行丑化的行为是不符合法律规定的。

小哲认为小宏打哈欠的照片很好笑，便进行了加工并大肆传播，这样的做法其实是蕴含着调侃、贬低的意思的。尤其对于正处在青春期的青少年来讲，这样的照片被传播开，很可能会使小宏在同学们面前抬不起头，也可能导致同学们笑话小宏，给他带来伤害。因此，小哲的行为是错误的，应当主动删除照片并向小宏道歉，而不能认为小宏是在较真儿。

## 拍摄城市宣传片时拍到了路人的脸，这属于侵犯他人肖像权的行为吗？

### 民法典小案

小鑫从小就十分喜欢摄影，经常参加一些青少年摄影比赛。不久前，小鑫又报名了一个摄影比赛，比赛的主题是为自己的城市拍摄一个宣传片。得知比赛主题以后，小鑫立刻开始准备，耗费了大量的时间和精力，终于完成了令他满意的参赛作品。在提交作品前，小鑫再次进行最后的作品确认。这时，他突然想到一个问题，他在拍摄城市宣传片的时候拍摄了大量的街道和广场的镜头，其中有很多镜头都清晰地拍到了路人的脸。小鑫很担心这样的镜头会侵犯路人的肖像权，导致他的作品被淘汰。

### 民法典讲堂

小鑫的城市宣传片中拍摄到了路人的脸，会侵犯路人的肖像权吗？

《民法典》第一千零二十条规定："合理实施下列行为的，可以不经肖像权人同意：

（一）为个人学习、艺术欣赏、课堂教学或者科学研究，在必要范围内使用肖像权人已经公开的肖像；

（二）为实施新闻报道，不可避免地制作、使用、公开肖像权人的肖像；

（三）为依法履行职责，国家机关在必要范围内制作、使用、公开肖像权人的肖像；

（四）为展示特定公共环境，不可避免地制作、使用、公开肖像权人的肖像；

（五）为维护公共利益或者肖像权人合法权益，制作、使用、公开肖像权人的肖像的其他行为。”

在这条规定的情形中，即使没有征求他人的同意而拍摄他人的肖像，也不会侵犯他人的肖像权。比如说，如果我们在上美术课的时候用他人公开在网上的肖像作为参考学习绘画的，就不侵犯他人的肖像权。

小鑫在拍摄城市宣传片时，所拍摄的都是公共场合，在公共道路上拍摄到他人的肖像，这是很容易发生的事情。要判断小鑫的做法是否侵犯了路人的肖像权，主要看他拍摄路人照片的镜头对整个宣传片来说是不是必要的、不可避免的。如果不展示路人的脸也不影响宣传片中想要展示的意境，那么小鑫就应当以虚化路人镜头等方式，避免使路人的脸清晰地展现在视频中。如果是通过拍摄公共场合的路人来展现风土人情，那么此时路人的镜头就显得尤为必要，在这种情况下拍到路人的脸是不会侵犯到路人肖像权的。小鑫可以根据自己影片的性质，灵活地对镜头进行调整、对视频进行处理，最大程度避免对他人的肖像权造成侵害。

## 利用AI（人工智能）换脸软件给他人“换脸”，进行恶作剧，侵犯他人什么权利？

### 民法典小案

小波和小粤是同班同学，平时两人的关系还不错。一天，小波在网上看到了一个小狗作揖的视频，感觉很可爱也很好玩，便将视频保存了下来。过了一会儿，小波突然想和小粤开个玩笑，给他来个“恶作剧”，便将自己下载下来的视频里小狗的脸用AI换脸软件换成了小粤的脸，并发给了他。小粤看到视频以后，顿时觉得又生气又屈辱，认为小波这是在侮辱他的人格，和小波大吵了一架，之后两人绝交了。小波对此感到十分委屈，认为小粤太较真了。他不明白，只不过是开个玩笑，有必要这么生气吗？

### 民法典讲堂

小波侵犯了小粤的什么权利？

《民法典》第一千零一十九条第一款规定：“任何组织或者个人不得以丑化、污损，或者利用信息技术手段伪造等方式侵害他人的肖像权。未经肖像权人同意，不得制作、使用、公开肖像权人的肖像，但是法律另有规定的除外。”

AI 技术作为一种新兴技术，在生活中的应用越来越广泛。我们经常可以看到利用 AI 换脸技术制作的他人视频，但殊不知这样的行为很可能已经违反了法律的规定。使用 AI 换脸技术伪造、丑化他人肖像的做法侵犯了他人的肖像权，权利人有权维护自身的权利。

小波在未经过小粤同意的情况下，私自利用 AI 换脸软件制作小粤的视频，他的做法侵犯了小粤的肖像权。同时，小波将小粤的脸换到了狗狗的身上，即使他的目的是开玩笑，可能并没有很深的恶意，但最终还是造成了小粤的感情被伤害的结果。小波的做法不仅侵犯了小粤的肖像权，还侵犯了他的人格尊严，应当郑重对小粤道歉。

## 画师给我画了一张画像，未经我同意，可以展出吗？

### 民法典小案

晓慧从小就对美术感兴趣。一个周末，晓慧和几名同学一起到一家画室参观。某画师为了展示自己画画的能力，提出要为漂亮的晓慧当场绘制一张肖像画。绘制完成后，晓慧和画师本人都对这张肖像画很满意。几个月后，该名画师要举办一个画展，邀请晓慧前去参观。在欣赏画展中展出的作品时，晓慧发现之前画师为她绘制的肖像画也在其中，只是画师又对画作进行了进一步的完善。但是，画师并没有提前将要展出晓慧肖像画的事情告诉她。

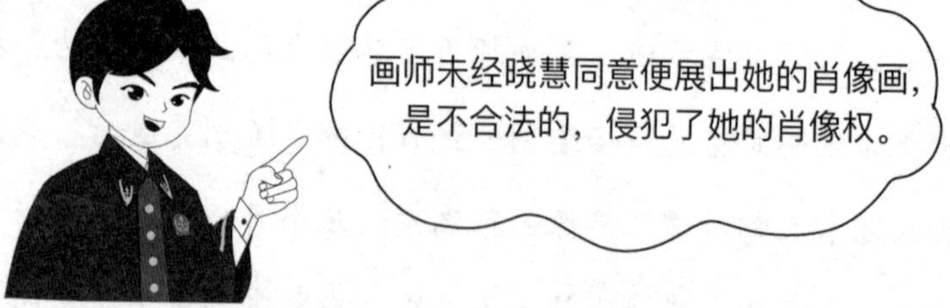

## 民法典讲堂

画师未经晓慧同意便展出她的肖像画，这样做合法吗？

《民法典》第一千零一十九条第二款规定：“未经肖像权人同意，肖像作品权利人不得以发表、复制、发行、出租、展览等方式使用或者公开肖像权人的肖像。”

当画作完成以后，绘制画作的作者就对画作享有著作权。一般来说，著作权人可以自由地转让、公开、传播自己的作品。但是，对于以他人为模特的肖像画来说，还涉及模特的肖像权问题，即有些肖像画能够完整展示出肖像权人的面部特征，是具有一定的可识别性的。因此，肖像权人同样对肖像画享有权利。如果未经肖像权人同意，作者随意将画作公开展示，那么就会侵犯该人的肖像权。

画师让晓慧当模特，绘制了她的肖像画，虽然在绘制肖像画时征得了晓慧的同意，但这并不代表晓慧也同意让肖像画被展出。画师未经晓慧同意便展出她的肖像画，这样的做法侵害了她的肖像权，违反了法律的规定。如果晓慧不愿意让自己的肖像展出，可以用友好的方式和画师商量将画作撤下。否则，晓慧有权通过法律途径维护自己的权利。

## 在网上帮忙发布寻人启事，侵犯被寻找者的肖像权吗？

### 民法典小案

小尧家对门邻居的五岁小孩走丢了，孩子的家人着急坏了，四处寻找，同时也报了警。小尧的爸爸妈妈也帮忙寻找孩子去了，大家让小尧在孩子家里留守，等待万一自己回家的孩子。小尧坐在客厅的沙发上，环顾四周，发现书柜上摆着走失孩子的一些照片，于是灵机一动，用手机拍摄了其中一幅比较清晰的正面照，制作成了寻人启事，发到了朋友圈和几个微信大群里，并鼓励大家进行转发。不一会儿，这份寻人启事就在小区群和其他一些群里传开。傍晚时分，通过好心人提供的线索，孩子被安全找到。

### 民法典讲堂

小尧在网上帮忙发布寻人启事，是否侵犯了走失孩子的肖像权呢？

《民法典》第一千零二十条规定：“合理实施下列行为的，可以不经肖像权人同意：

……

（五）为维护公共利益或者肖像权人合法权益，制作、使用、公开肖像权人的肖像的其他行为。”

我们每个人都享有肖像权，在一般情况下，是不能随意将他人的肖像到处传播的。但是，如果是为维护肖像权人合法权益，制作、使用、公开肖像权人的肖像，就不涉及侵犯肖像权的问题，无须承担法律责任。

小尧为了帮忙寻找走失的孩子，使用其照片制作了寻人启事，在网上传播了孩子的照片。这样的行为虽然会使孩子的肖像被公开，但目的是寻人，本质上是为了维护走失孩子的权益，并没有侵权。

除了维护肖像权人本人利益以外，为了维护公共利益而公开、制作、使用他人肖像的，同样不属于侵权行为。例如，公安机关为了逮捕嫌疑人，在网络上发布通缉令公开嫌疑人肖像等。

## 给同学编闲话诋毁他人，是违法行为吗？

### 民法典小案

小涵品学兼优，是班里的尖子生，深受老师和家长的喜欢。一次月考时，隔壁班的大山的座位正好在小涵后面。大山早就知道小涵学习好，便在考试前偷偷对小涵说，让小涵在考试的时候“照顾照顾”他，给他看看试卷。小涵最不屑于这种行为，坚决地拒绝了他。此后，大山便对小涵怀恨在心，一有机会就对别的同学说小涵的坏话。不是说老师喜欢小涵是因为小涵给老师送礼，就是说小涵成绩好都是因为考试作弊。时间一长，同学们都开始疏远小涵，而这些风言风语也传到了小涵的耳朵里，小涵对此十分气愤。

### 民法典讲堂

大山编小涵的闲话诋毁她的做法，违法了吗？

《民法典》第一千零二十四条规定：“民事主体享有名誉权。任何组织或者个人不得以侮辱、诽谤等方式侵害他人的名誉权。

“名誉是对民事主体的品德、声望、才能、信用等的社会评价。”

这条法律规定告诉我们，我们要尊重他人的名誉权，维护自己的名誉权。编他人的闲话、侮辱他人、咒骂他人的做法都是违法的。

大山因为记恨小涵，就编闲话污蔑她，这样的做法侵犯了小涵的名誉权，还很可能给小涵的精神造成压力，使小涵产生心理上的问题。大山的做法无疑是十分恶劣的，小涵可以将这件事情告诉老师，由老师出面对大山进行批评教育，让大山认识到自己作弊和污蔑他人的行为都是错误的。而大山也要正视自己的错误，积极改正，并向小涵道歉。

## 发现有人诋毁已去世亲人的名誉，我们能替他维权吗？

### 民法典小案

楠楠的爷爷曾经在某单位上班，是一名退休干部。邻居楚某的儿子不学无术，早早就不上学了，也没有工作。楚某想为儿子找一份正经的差事，便想到了楠楠的爷爷。他提着一堆礼物上门，请爷爷在以前的单位里为儿子安排个工作。爷爷义正词严地拒绝了他。从此以后，楚某就对爷爷怀恨在心。前不久，爷爷因病去世，楠楠爸爸在小区公共宣传栏里张贴了爷爷的讣告。没想到，楚某却在讣告旁边写满了诽谤爷爷的话。

### 民法典讲堂

爷爷去世后被人诋毁名誉，楠楠爸爸可以替他维权吗？

《民法典》第九百九十四条规定：“死者的姓名、肖像、名誉、荣誉、隐私、遗体等受到侵害的，其配偶、子女、父母有权依法请求行为人承担民事责任；死者没有配偶、子女且父母已经死亡的，其他近亲属有权依法请求行为人承担民事责任。”

当人死亡以后，其民事主体资格虽然已经归于消灭，但其人格权仍然受到法律的保护。这是因为死者的人格权遭受侵害很可能致使死者近亲属的情感遭到损害，保护死者的人格权在一定程度上是为了维护仍在世的近亲属的权利。

楠楠的爷爷去世后被人诋毁造谣，名誉权受到损害。楠楠爸爸作为爷爷的儿子，是有权代替爷爷向诋毁其名誉的楚某进行维权的。楠楠爸爸可以向法院提起诉讼，要求楚某停止侵害，公开进行道歉等。

## 书店怀疑我偷拿东西不付款，能直接将我的照片贴在门口吗？

### 民法典小案

一天，沫沫在放学以后顺便去了学校附近的书店，想买一本书。挑选好想要的书以后，她发现店主正在店外和别人打电话，看起来一时半会儿走不开。于是，沫沫将书钱放在了柜台上，没有打扰店主便离开了。到了晚上关店时，店主发现书卖出的数量和账目对不上。此时，他想到了白天在他打电话时来书店的沫沫，认为是她把书偷走了。气愤的店主

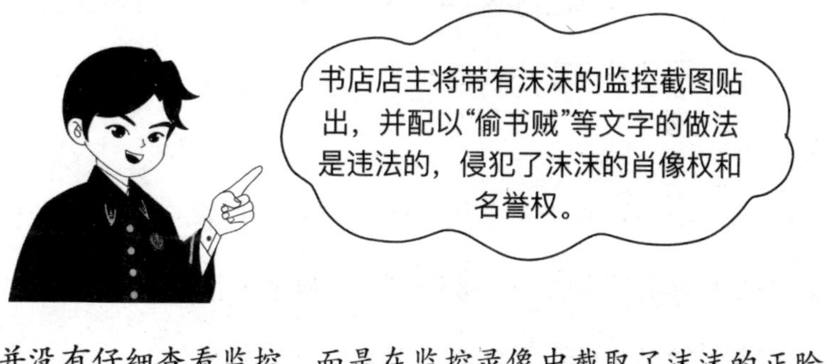


并没有仔细查看监控，而是在监控录像中截取了沫沫的正脸打印出来贴在了店门口，并配上了文字：“偷书贼，没教养！”有许多同学都看到了这张照片，对沫沫议论纷纷，甚至当面

说她是“小偷”。沫沫因此遭受了很大的打击，每天都把自己关在房间里不想去上学，甚至还有轻生的倾向。爸爸妈妈得知来龙去脉以后非常生气，找到店主要求查看全部监控，这才证明了沫沫的清白。

### 民法典讲堂

店主的做法侵犯了沫沫的什么权利？

《民法典》第一千零一十九条第一款规定：“任何组织或者个人不得以丑化、污损，或者利用信息技术手段伪造等方式侵害他人的肖像权。未经肖像权人同意，不得制作、使用、公开肖像权人的肖像，但是法律另有规定的除外。”

第一千零二十四条规定：“民事主体享有名誉权。任何组织或者个人不得以侮辱、诽谤等方式侵害他人的名誉权。

“名誉是对民事主体的品德、声望、才能、信用等的社会评价。”

第一千一百八十三条第一款规定：“侵害自然人人身权益造成严重精神损害的，被侵权人有权请求精神损害赔偿。”

店主的做法侵犯了沫沫的名誉权和肖像权。

我们要尊重他人的名誉权，不能编造谣言诽谤他人，也不能用污言秽语辱骂他人。如果因这样的行为给他人的名誉造成不好的影响，就侵害了他人的名誉权，很可能要承担法律责任。沫沫明明付了书钱，但是店主在不了解事实的情况下就污蔑沫沫是小偷，给她的名誉造成了损害。

同时，店主在未征得沫沫同意的情况下就将她的正面照片张贴出来，让他人对沫沫评头论足，这样的做法侵害了沫沫的肖像权。沫沫因为店主的行为遭受了严重的精神损害，有权利要求店主进行赔偿。而沫沫的父母以及学校也要及时对沫沫进行心理疏导，必要时带她去看心理医生，尽快解决她的心理问题。沫沫也要自我调节，勇敢地从阴影里走出来。

## 转发诋毁他人的视频，也是侵权行为吗？

### 民法典小案

小毅在上网时发现了一个点击率很高的视频，便随手点了进去。在视频中，发布者称自己要揭发某学校内的“黑暗面”，并表示好几名老师都私底下收受学生家长的礼物，有时还会体罚甚至虐待学生。视频下方的评论里，大家都对此议论纷纷。有人在起哄，还有人表明不相信老师会做这种事。虽然小毅不知道视频内容是真是假，但保持着凑热闹的心态还是转发了。事后，经过调查，发现该名发布者在视频中说的内容纯属子虚乌有，是对老师的诋毁，是侵权行为。

## 民法典讲堂

小毅只是转发了视频，这也是侵权行为吗？

《民法典》第一千零二十四条规定："民事主体享有名誉权。任何组织或者个人不得以侮辱、诽谤等方式侵害他人的名誉权。

"名誉是对民事主体的品德、声望、才能、信用等的社会评价。"

侵害他人名誉权的行为不仅仅包括直接对他人进行侮辱和诽谤，还包括利用各种各样的其他行为，最终达成侮辱或诽谤他人的目的，以致他人的名誉权受到损害的情况。

该名发布者为了博人眼球，随口捏造事实，诋毁老师的名誉，无疑侵犯了老师的名誉权。如果某人明知视频内容是在诋毁他人却进行了转发，虽然没有直接参与视频的制作，也属于侵犯他人的名誉权。此外，对于一些比较有网络影响力的组织或个人来说，比如网络媒体、微博大V，虽然不知其为诋毁视频，但如果想转发，则负有一定的核实义务，如果未尽到核实义务就转发的话，也会涉及侵权。

小毅作为一名普通网民，看到他人诋毁老师的视频，没有多加考虑，仅仅是出于凑热闹的心理进行了转发，在实践中，一般不做侵权处理。但是，小毅的做法也是不对的，我们要予以摒弃。

我们在面对真相不明的内容时，要保持自己的判断力，不能轻信，更不能盲目跟风转发。维护网络清朗环境，需要我们每一个人的努力。

## 我想写一篇小说，可以以他人为原型改编他人经历吗？

### 民法典小案

高中生小忠的家离法庭很近，常常在课余时间和爸爸妈妈一起到法院去旁听庭审。一次，小忠在旁听了一起案件庭审后，认为这起纠纷的起因十分有意思，过程也具有很强的故事性，结局也还算友好，很适合改编成一部短篇小说。于是，小忠征得当事人同意，加了他们微信，便筹划以这起纠纷为蓝本写一篇小说，来参加不久后的小说征文比赛。在写作时，小忠从自己的角度对事情的经过进行了添枝加叶式地描写，并抬高了原告，贬低了被告。小说写完后，小忠将小说拿给当事人阅读。被告看后，认为小说的情节丑化了他，对此十分不满。

### 民法典讲堂

小忠撰写小说，可以以他人的真实经历为基础进行改编吗？他抬高原告、贬低被告的做法是否妥当？

《民法典》第一千零二十七条规定：“行为人发表的文学、艺术作品以真人真事或者特定人为描述对象，含有侮辱、诽谤内容，侵害他人名誉权的，受害人有权依法请求该行为人承担民事责任。

“行为人发表的文学、艺术作品不以特定人为描述对象，仅其中的情节与该特定人的情况相似的，不承担民事责任。”

在文学艺术作品中是可以出现真人真事的，但需要注意，以他人的真实经历作为基础改编情节的，改编时不能对他人进行贬损，影响他人的名誉。

小忠在征求当事人同意以后，以双方的纠纷作为蓝本撰写小说，这样的做法是符合法律规定的。但是，他在撰写情节时，并没有站在客观的角度上，导致被告的形象被丑化，很可能会影响其他阅读小说的人对被告的评价。因此，小忠应当对相应的情节作出修改，使之符合真实情况，避免过于抬高某一方而贬低另一方的情况出现。

## 偷看同学的日记后在班里传开，这种行为违法了吗？

### 民法典小案

小凡在做值日时，在班级里捡到了一个笔记本。他打开

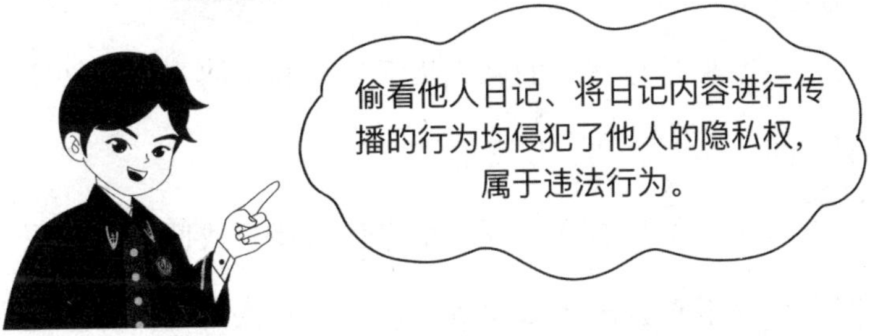


笔记本一看，发现这是同班同学晓珊的日记本。做完值日以后，小凡既没有把日记本交给老师，也没有还给晓珊，而是将它带回了家，偷偷地看起了里面的内容。日记本里面记载了晓珊每天的心情，还有对自己成绩提高不上去的担心。有时，晓珊还会将自己与同学之间发生的矛盾也写进日记本里。小凡看到了同学的秘密，感觉既兴奋又紧张，第二天，将日记本带到学校，传给了自己的几个好哥们。大家嘻嘻哈哈地传阅了晓珊的日记，并将内容在班里传开。晓珊发现这件事后，向小凡要回了日记本，好几天没有来上学。

**民法典讲堂**

小凡等人偷看晓珊的日记并将内容传播开的行为违法了吗？

《民法典》第一千零三十二条规定："自然人享有隐私权。任何组织或者个人不得以刺探、侵扰、泄露、公开等方式侵害他人的隐私权。

"隐私是自然人的私人生活安宁和不愿为他人知晓的私密空间、私密活动、私密信息。"

每个人都享有隐私权，如果他人侵犯我们的隐私权，我们有权要求对方承担法律责任。同时，我们也要尊重他人的隐私权，不窥探、泄露、传播他人的隐私。

小凡捡到晓珊的日记以后，不仅没有归还，反而私自窥探其中的内容，这种做法本来就已经侵犯了晓珊的隐私权。

偷看日记以后，小凡还将日记本带到班里给其他人传阅。大家对日记内容进行传播后，给晓珊带来了更大的伤害。小凡和偷看日记的其他同学要勇于对自己的行为承担责任，主动向晓珊道歉，并阻止他人继续传播晓珊的日记内容。如果这件事给晓珊造成了精神损害，小凡等人可能还需要承担民事赔偿等法律责任。

## 纠结众人网暴某人，是违法行为吗？

### 民法典小案

小蝶在刷微博时，无意间看到了一名博主发布的视频。在视频中，博主将自己养的宠物用牵引绳吊起来，看到宠物挣扎还觉得很好玩。小蝶顿时气愤不已，认为对方这是在虐待动物，于是和对方在评论下方争吵起来。争吵过后，博主将小蝶拉黑，而小蝶则将博主的账号及视频截图发布到了另一个论坛上，并添油加醋地将事情的经过复述了一遍，想要煽动网友一起去“讨伐”这名博主。很多网友看到小蝶发布的帖子以后，都表示很生气，顺着小蝶提供的信息找到该名博主的账号，并通过私信对他展开了谩骂。一时间，这名博主遭遇了严重的网暴，苦不堪言。

### 民法典讲堂

小蝶鼓动大家对博主进行“网暴”，这样做违法了吗？

《民法典》第一千零二十四条规定：“民事主体享有名誉权。任何组织或者个人不得以侮辱、诽谤等方式侵害他人的名誉权。

“名誉是对民事主体的品德、声望、才能、信用等的社会评价。”

第一千零三十二条规定：“自然人享有隐私权。任何组织或者个人不得以刺探、侵扰、泄露、公开等方式侵害他人的隐私权。

“隐私是自然人的私人生活安宁和不愿为他人知晓的私密空间、私密活动、私密信息。”

第一千零三十四条规定：“自然人的个人信息受法律保护。

“个人信息是以电子或者其他方式记录的能够单独或者与其他信息结合识别特定自然人的各种信息，包括自然人的姓名、出生日期、身份证件号码、生物识别信息、住址、电话号码、电子邮箱、健康信息、行踪信息等。

“个人信息中的私密信息，适用有关隐私权的规定；没有规定的，适用有关个人信息保护的规定。”

以上三条是民法典关于我们每个人都享有名誉权、隐私权和个人信息受法律保护的规定。网暴也就是网络暴力，是一种在网络平台上对他人实施暴力的行为。在网络暴力中，往往还伴随着“谩骂”“人肉搜索”等行为，这很可能会侵害到他人的名誉权、隐私权和个人信息。此外，网络暴力虽然不会直接给他人造成身体上的损害，但很可能会给他人的精神造成压力，形成严重的心理问题，甚至是精神损害。并且，网络暴力一旦开始往往很难停止，会给受害人造成持续性的伤害。我们应当拒绝网络暴力行为，做文明的网络用户。

小蝶因觉得发布视频的博主虐待动物，便发动网友对他进行网暴，这样的行为是不合法的，很可能会承担法律责任。小蝶的正确做法是，发现虐待动物等不适合大众观看的视频时，可以向网络平台或者网络警察进行举报，封禁该视频，并由网警对发布视频的博主进行批评教育等。小蝶没有采取正确的措施，这样不仅无法使有错在先的博主正视自己的错误，还可能会使自己承担相应的法律后果。

## 未经他人同意将他人的个人信息公布到网上，这样合法吗？

### 民法典小案

思思想学习一种乐器，便让妈妈帮她在网上报了一门线上吉他课。在报名时，妈妈按照要求登记了思思的姓名、家庭住址、联系电话、身份证号等各种信息，并支付了费用。在学习了几节课后，思思觉得自己在吉他方面没什么天赋，与妈妈商量后，决定不学了。于是，思思妈妈和课程老师沟通，想要退回课时费。她们在如何退费、退多少费用上产生了纠纷。课程老师认为，按照合同约定，思思一方单独终止课程学习，除了扣除已上完的课时费外，还需要扣除全部课程费的百分之二十作为违约金。思思妈妈则不同意支付违约金，坚持按剩余课时退费。由此，二人发生争执。课程老师一气之下，将她填写的个人信息全部公布在了网上，让网友来评理。

### 民法典讲堂

课程老师不经思思同意将她的个人信息公布在网上，这样做合法吗？

《民法典》第一千零三十四条规定："自然人的个人信

息受法律保护。

“个人信息是以电子或者其他方式记录的能够单独或者与其他信息结合识别特定自然人的各种信息，包括自然人的姓名、出生日期、身份证件号码、生物识别信息、住址、电话号码、电子邮箱、健康信息、行踪信息等。

“个人信息中的私密信息，适用有关隐私权的规定；没有规定的，适用有关个人信息保护的规定。”

第一千零三十五条规定：“处理个人信息的，应当遵循合法、正当、必要原则，不得过度处理，并符合下列条件：

（一）征得该自然人或者其监护人同意，但是法律、行政法规另有规定的除外；

（二）公开处理信息的规则；

（三）明示处理信息的目的、方式和范围；

（四）不违反法律、行政法规的规定和双方的约定。

“个人信息的处理包括个人信息的收集、存储、使用、加工、传输、提供、公开等。”

个人信息具有一个重要的特征，就是能够单独或者与其他信息结合来识别特定人的身份，这样就代表个人信息与人身紧密联系，是人格权的一部分。由于个人信息与权利人紧密相关，因此处理个人信息必须遵循法律的规定。

思思在报名线上课程时填写了个人信息，课程老师在取得她的个人信息后有义务为其保密，不得随意公开或向他人泄露。而课程老师在一气之下，在网上公开她的个人信息，这样的行为很可能会让思思的个人信息被“泄露”，给思思造成困扰，甚至侵害她的合法权利。并且，如果课程老师配以文字内容，让网友对她与思思妈妈的合同纠纷“评理”，很可能会招致网友片面的评论，给思思妈妈和思思造成名誉上的损失。思思和妈妈有权利要求课程老师删除已经公布的个人信息，如果因此而遭受了损害，还可以要求课程老师承担法律责任。

关于退费一事，属于合同纠纷，如果双方协商不成，完全可以借助调解、诉讼等法律途径来解决，大可不必像课程老师那样做出不懂法之举。

## 就业遭歧视，什么权利受到了侵犯？

### 民法典小案

还有两个月，小沈就要大学毕业了。于是，她一边紧锣密鼓地准备毕业论文，一边开始找工作。投递了几份简历以后，小沈来到某公司应聘。该公司的面试官在询问了小沈一系列问题以后，对她在学校的表现比较满意，打算录用她。

这时，面试官对小沈说道："我们公司要求，女员工在入职以后五年内都不能结婚，你觉得你能做到吗？"小沈与男朋友感情很好，打算工作稳定下来就结婚，自然没有答应该公司的要求。几天后，该公司给小沈发送了不予录取的通知。小沈收到通知以后非常沮丧，认为自己遭受了就业歧视。

### 民法典讲堂

小沈遭遇就业歧视，她的什么权利受到了侵犯？

《民法典》第九百九十条规定："人格权是民事主体享有的生命权、身体权、健康权、姓名权、名称权、肖像权、名誉权、荣誉权、隐私权等权利。

"除前款规定的人格权外，自然人享有基于人身自由、人格尊严产生的其他人格权益。"

《中华人民共和国就业促进法》第二十六条规定："用人单位招用人员、职业中介机构从事职业中介活动，应当向劳动者提供平等的就业机会和公平的就业条件，不得实施就业歧视。"

该公司侵犯了小沈的人格权和就业平等权。

根据法律的规定，我们每个人都享有平等就业的权利，用人单位不得因劳动者的性别、年龄、婚姻状况、身体健康、家庭情况等种种原因对劳动者实施歧视。该公司因小沈无法保证不结婚就拒绝录取她，这样的行为并没有做到对所有求职者一视同仁，令她遭受了不公平的对待。

此外，就业歧视还会侵犯到求职者的人格权。除了法律规定的几种具体的人格权以外，我们的人格尊严同样受到法律的保护。该公司对小沈实施歧视，侵害了她的人格尊严，因此也侵犯了她的人格权。小沈可以向当地的劳动监察部门反映情况，要求该公司改正就业歧视的行为。

# 第五章 侵权责任

与青少年密切相关的
《民法典》侵权责任编法律常识

## 受他人教唆去商店偷东西，该由谁来承担赔偿责任？

### 民法典小案

小刘今年十九岁，高中毕业以后既没有继续念书，也没有工作，每天无所事事地混日子。小刘的表弟今年十岁，自小和小刘很亲近，没事就跟在小刘屁股后面跑，当小跟班，对他总是言听计从。这天，小刘和表弟路过一家便利店，小刘突然冒出个想法，想去便利店偷点吃的，但又担心自己会引人注目被抓到。于是，小刘让表弟去便利店里偷东西，还说他个子小，便利店里客人又多，谁也不会注意他。后来，表弟将偷来的吃的交给了小刘，两人分着全吃光了。事后，便利店发现店内商品数量不对，查监控时发现了表弟盗窃的行径。

### 民法典讲堂

小刘教唆表弟去便利商店偷东西，该由谁来对便利店的损失承担赔偿责任？

《民法典》第一千一百六十九条规定："教唆、帮助他人实施侵权行为的，应当与行为人承担连带责任。

"教唆、帮助无民事行为能力人、限制民事行为能力人实施侵权行为的，应当承担侵权责任；该无民事行为能力人、限制民事行为能力人的监护人未尽到监护职责的，应当承担相应的责任。”

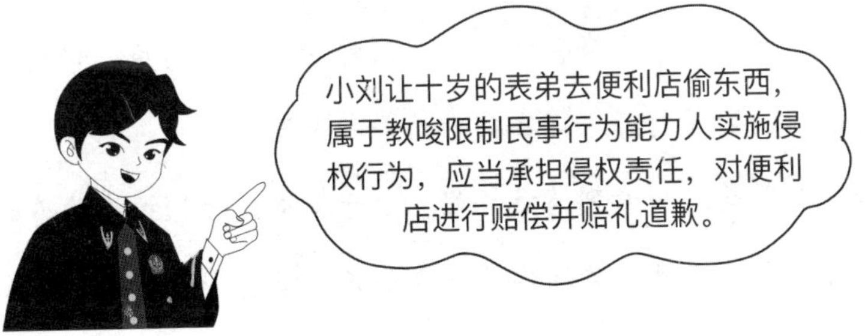

教唆，是指通过利诱、劝说等方式，怂恿那些本来没有违法犯罪想法的人去实施违法犯罪的行为。也就是说，对于最终的违法犯罪结果，教唆人所起到的作用是不可忽视的，因此应当与行为人共同承担责任。尤其对于未成年人来说，他们的意志力更为薄弱，思想也比较不成熟，相对来说更容易受到他人的诱惑或怂恿。因此，对于教唆未成年人实施违法犯罪的人，需要承担更为严重的法律责任。

小刘怂恿十岁的表弟去偷东西，他的行为属于教唆表弟实施违法行为。由于表弟还是未成年人，而小刘已经是成年人了，因此应当由小刘来对便利店进行赔偿并赔礼道歉。同时，还要看表弟的父母是不是已经对表弟尽到了管理和教育的职责。如果没有尽到，同样也需要承担责任。

## 我侵权了，我自己有财产的话应该用自己的财产赔偿吗？

### 民法典小案

一天，涛涛正在家写作业，门外传来了敲门声。妈妈听见以后，连忙打开了门。门外站着的是涛涛的同班同学小奇和他的爸爸。一看到涛涛妈妈，小奇爸爸就开始控诉涛涛的“罪行”。原来，涛涛因为一点小矛盾就将小奇打伤了，小奇直流鼻血，到了医院才在医生的治疗下把血止住。涛涛妈妈对此十分愧疚，承诺一定会承担小奇的医药费。小奇和他爸爸走后，涛涛妈妈将涛涛训斥了一顿，涛涛低头认识到了自己的错误。为了惩罚他，妈妈决定用涛涛存下的零花钱来支付小奇的医药费。

### 民法典讲堂

涛涛打伤同学，是否应该用他的零花钱来对同学进行赔偿呢?

《民法典》第一千一百八十八条规定："无民事行为能力人、限制民事行为能力人造成他人损害的，由监护人承担侵权责任。监护人尽到监护职责的，可以减轻其侵权责任。

"有财产的无民事行为能力人、限制民事行为能力人造成他人损害的，从本人财产中支付赔偿费用；不足部分，由监护人赔偿。"

对于未成年人来说，由于他们大多数还不具备完全民事行为能力，无法独立地承担民事责任，因此造成他人伤害时，实际承担责任的往往是父母或其他监护人。但是，直接造成他人伤害结果的毕竟还是未成年人本人，因此在承担责任时，我们也不能完全撇清关系，在他们有财产的情况下，例如有压岁钱、过世亲人留下的遗产等，应当优先用这些财产来对他人进行赔偿。

涛涛有存下的零花钱，这一部分财产是属于他的，应当先用零花钱来支付小奇的医药费。如果他的零花钱不够，再由爸爸妈妈支付剩余部分。并且，这样做也能更好地帮助涛涛建立责任心，让他认识到伤害他人应当承担的责任。

## 朋友将他人打伤，我只是帮忙望风，也需要赔偿吗？

### 民法典小案

小旭和小斌是从小一起长大的好朋友。自从升上初中以后，小斌认识了几个校园里的“小混混”，总是和他们一起去打群架，身上经常带着伤。时间一长，小斌的性格变得十分粗暴，看谁都不顺眼。一天，小斌告诉小旭，最近年级里有个男生阿俊总是仗着成绩好看不起他，他明天要去把阿俊打一顿，让阿俊长点“教训”。随后，小斌让小旭明天跟他一起去，这样可以帮他在旁边望风，省得被人给抓住。为了“哥们儿义气”，小旭一口答应。第二天，两人将阿俊堵到巷子里，小旭负责在巷子口望风，而小斌在巷子内将阿俊打得鼻青脸肿，肋骨都断了一根。阿俊的爸爸妈妈将这件事情告诉了学校，也报了警，而小斌和小旭也“东窗事发”。

## 民法典讲堂

小旭只是帮小斌望风，并没有动手打阿俊，也需要承担赔偿责任吗？

《民法典》第一千一百六十九条第一款规定：“教唆、帮助他人实施侵权行为的，应当与行为人承担连带责任。”

帮助他人实施侵权行为，不一定要亲自实施了侵权行为本身，包括事前的计划、侵权时的分工合作等，都属于本条规定中“帮助”的范围。

小斌将阿俊打伤，虽然在打架时小旭并没有动手，但是两人在打架前进行了商量，并且有了明确的分工。即使小旭没有亲自打阿俊，但是他帮忙望风的行为无疑会使阿俊的处境更加危险，对阿俊最终受伤的结果是有责任的。因此，小旭和小斌对于阿俊受伤的结果应当承担连带责任，都需要对他进行赔偿。

我们青少年正处于热血方刚的年纪，有时很容易冲动，给他人造成损害。我们要控制自己的情绪，认清现阶段最重要的任务是学习，要远离会给我们带来不良影响的“朋友”。

## 别人骂我，我才打他的，能因此减轻我的责任吗？

### 民法典小案

昊昊从小身材就比较胖，发育也比其他人晚，身高也比同龄的孩子们要矮一截。升上初中以后，身边的男同学渐渐都开始进入发育期，不仅身高突飞猛进，部分男生还开始变声了。而昊昊却还像以前一样，身高没有什么变化，体重也减不下去。同年级有一个“刺儿头”小尧，平时就很喜欢以嘲笑昊昊取乐。暑假开学后，小尧身高长了很多，而昊昊却还是毫无动静。见到昊昊，小尧讥笑道：“你真是一只长不高的胖猪！”而向来逆来顺受的昊昊终于到达了忍耐的极限，和小尧推搡起来，冲突间不慎将他推倒导致他摔伤。经过医院检查，小尧脚踝骨折，需要住院休养。

### 民法典讲堂

昊昊因小尧辱骂在先才出手打他，能因此减轻昊昊的赔偿责任吗？

《民法典》第一千一百七十三条规定：“被侵权人对同一损害的发生或者扩大有过错的，可以减轻侵权人的责任。”

本条规定的是当被侵权人具有过错时，他的过错可以与侵权人的过错相互抵消，以减轻侵权人的责任。需要注意的是，本条规定所针对的是同一损害结果。例如，甲和乙某天发生争吵后动起了手，甲将乙打伤。过了几天，乙在开车时因违反交通规则将甲撞倒。这时，乙侵害了甲的权利，但是不能因为甲之前打伤过乙就认为甲存在过错，因为这是两个完全不同的损害结果，不能因此减轻乙的责任。

小尧常常嘲笑讥讽昊昊，侮辱他的人格尊严，给他造成了心理上的创伤。也正因如此，昊昊与小尧发生争执并导致小尧受伤。可以看出，昊昊之所以打伤小尧，完全是因为小尧出言不逊，小尧对于这样的结果同样需要负一部分责任。因此，可以减轻昊昊的赔偿责任。

在日常生活中，我们要团结同学、关爱朋友，不能因他人的外貌或生理特征而嘲笑别人。当遭到他人嘲笑时，我们也不能以暴制暴，而要将情况反映给老师或家长，让大人来帮我们解决问题。

## 足球比赛时，不慎伤到队友，需要赔偿吗？

### 民法典小案

霖霖很喜欢踢足球，常常和朋友们一起踢球玩。这天放学后，霖霖叫上了几名同学，在一块空地上举办了一个小小的足球比赛。经过讨论，霖霖被安排了守门员的位置。在比赛过程中，对方的球员小峰正要射门，霖霖连忙阻挡。没想到，球飞起以后直接击打在霖霖的眼睛上。后经医生诊断，霖霖的眼球受到了一定程度的损伤，同时伴有轻微的脑震荡，需要留院观察。霖霖的父母想去找小峰的父母，要求他们给个说法。

**民法典讲堂**

小峰不慎在足球比赛的时候伤到了霖霖，需要赔偿吗？

《民法典》第一千一百七十六条规定：“自愿参加具有一定风险的文体活动，因其他参加者的行为受到损害的，受害人不得请求其他参加者承担侵权责任；但是，其他参加者对损害的发生有故意或者重大过失的除外。

“活动组织者的责任适用本法第一千一百九十八条至第一千二百零一条的规定。”

对于某些文体活动，尤其是对抗性比较强的体育活动来说，很可能本身就具有一定风险。例如，在跑步时我们可能会摔倒受伤，在打篮球时可能会被队友撞倒。当我们参加这类运动时，在参加前就要考虑好我们可能会面对的受伤风险，做好防护措施，避免自己受伤。而如果在运动中，我们不小心导致他人受伤，此时也可以免除侵权责任。

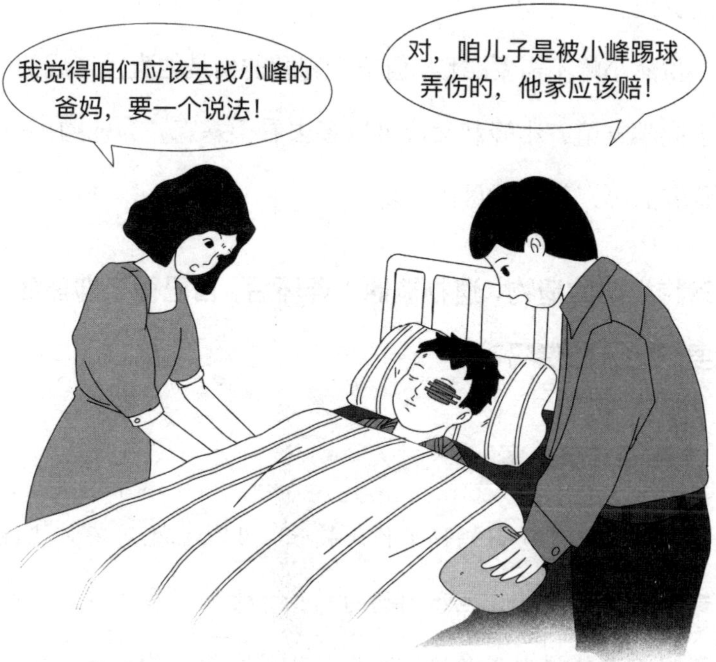


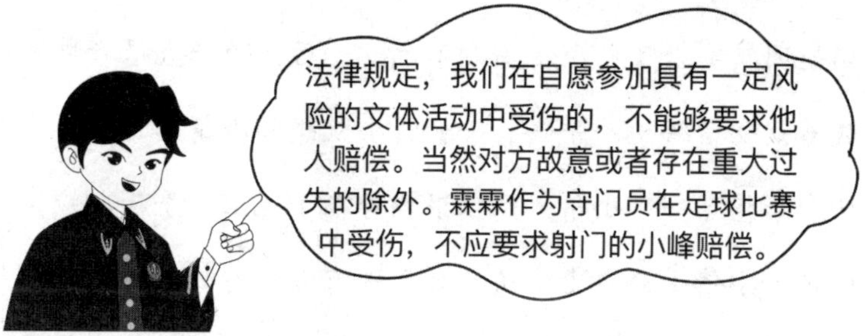


足球运动是需要多人一起参加的，难以避免身体碰撞或者因没控制住球而导致的伤害。小峰在踢球时不小心伤到了霖霖，他所实施的是正常的比赛行为，对于受伤结果并不是

故意为之，主观上也没有重大的过失。因此，他不需要承担赔偿责任。

虽然小峰不需要赔偿，但毕竟霖霖的伤是他直接造成的，出于同学友谊，小峰和父母可以多去看望霖霖，为他购买一些营养品等，帮助他尽快康复。

## 因珍惜奶奶的遗物，遗物被他人弄坏后，自己得了抑郁症，能要求他人赔偿吗？

### 民法典小案

由于小倩的爸爸妈妈工作比较忙，小倩出生后不久就被送到了奶奶家生活，她和奶奶的感情非常好。多年以后，爸爸妈妈将小倩接到了身边。一天，爸爸告诉小倩一个噩耗：奶奶因病去世了！小倩伤心不已。此后，她一直很珍惜地佩戴着奶奶留给她的手镯。一天，小凯想和小倩恶作剧，突然从身后撞了一下小倩，她狠狠地摔在了地上，手镯也应声而碎了。小倩十分自责，认为自己没有保管好奶奶的遗物，每天茶饭不思，日渐消瘦，情绪非常低落。爸爸妈妈见状连忙带她来了医院，医生诊断过后，说小倩已经患上了抑郁症。

## 民法典讲堂

小倩因奶奶留下的手镯摔坏而得了抑郁症，她能要求撞倒她的同学赔偿吗？

《民法典》第一千一百八十三条第二款规定：“因故意或者重大过失侵害自然人具有人身意义的特定物造成严重精神损害的，被侵权人有权请求精神损害赔偿。”

具有人身意义的特定物是指在精神上能给所有权人带来寄托和慰藉的物品。这类物品被损坏的同时很可能伤害到所有权人的感情，从而导致精神损害。因此，此类物品应当与其他普通物品区分开，在损坏时所有权人不仅能要求对方承担物品的赔偿，还可以要求承担精神损害赔偿。但需要注意的是，行为人损坏此类物品必须出于故意或者重大过失，否则不需要承担精神损害赔偿责任。

小倩的手镯是奶奶留下的遗物，寄托了她对奶奶的思念。对小倩来说，这个手镯无论价值高低，都是具有人身意义的特定物。小凯损坏手镯虽然不是出于故意，但是他为了恶作剧而撞倒小倩，这样的做法本身就存在问题。不仅小倩的衣着、佩戴的物品会因此面临损坏的风险，小倩的身体也存在很大的受伤风险。因此，可以认为小凯是具有重大过失的。小凯应当真诚地向小倩道歉，并和老师与小倩的爸爸妈妈一起，帮助她解开心结，恢复健康。当然，如果小倩一方提出精神损害赔偿，经鉴定达到严重精神损害的程度，小凯要承担赔偿责任。

## 放暑假去爷爷奶奶家玩时将小伙伴打伤，谁来负责？

### 民法典小案

阿泽正在上小学，放暑假以后，一直吵着要去爷爷奶奶家玩，于是爸爸就将他送回了乡下。每天写完作业以后，阿泽就会叫上住在附近的小伙伴，几个人一起去玩。一天，阿泽和几个好伙伴在院子后面的泥洼里比赛捉蚯蚓，约定谁赢了就可以得到其他人的零食。比赛开始后，阿泽一马当先，很快就捉了好几条蚯蚓。而小伙伴小金也不遑多让。比赛结束后，小金比阿泽多捉了一条，以微弱的优势赢得了比赛。而阿泽却认为小金捉的蚯蚓中有一条已经死了，不能算在总数里。争执间，两人发生了争吵，阿泽将小金打倒在地，小金摔伤了膝盖。

### 民法典讲堂

阿泽将小金打伤，应当由谁来对小金的受伤结果负责呢？

《民法典》第一千一百八十九条规定：“无民事行为能

力人、限制民事行为能力人造成他人损害，监护人将监护职责委托给他人的，监护人应当承担侵权责任；受托人有过错的，承担相应的责任。”

父母临时将孩子托付给朋友、亲人照顾，这在我们的日常生活中是很正常的事情。在此期间，父母依然是孩子的监护人，并不会因为孩子被他人照顾就不承担监护责任。因此，如果孩子在此期间给他人造成损害，依然需要父母来承担侵权责任。而照顾孩子的受托人只有在有过错时才需要承担。

阿泽在爷爷奶奶家居住期间，将小伙伴打伤，这时需要承担赔偿责任的是阿泽的父母。打伤小金是阿泽在冲动之下的行为，爷爷奶奶不可能无时无刻监管着阿泽，也不能控制他的行为，因此他们对此没有过错，不需要承担责任。阿泽本人应当认识到自己行为的错误，主动向小金道歉，并将情况向父母说明。

## 被他人设立“网络灵堂”，该怎么维权？

### 民法典小案

某殡葬公司推出了一项新业务，让人们可以通过他们设立的平台为去世的亲属设立“网络灵堂”，以便随时祭奠。小懿的父母看到该殡葬公司的广告以后，让小懿为去世的爷爷奶奶也设立一个灵堂，这样想要祭奠他们的时候就不用专程回老家了。小懿在平台上闲逛的时候，无意间发现一名用户设立的灵堂中张贴的竟然是自己的照片！小懿震惊地点进去，发现介绍中详细地写明了她的姓名、学校、家庭住址等信息，甚至还有所谓的“去世年龄”。小懿见此十分生气，她明明还活着，却被人设立了网络灵堂。随后，她立即联系了平台负责人，但对方却表示不知道该灵堂设立者的真实身份。

### 民法典讲堂

小懿明明还在世，却被人设立了“网络灵堂”，该怎么维权？

《民法典》第一千一百九十五条规定：“网络用户利用网络服务实施侵权行为的，权利人有权通知网络服务提供者采取删除、屏蔽、断开链接等必要措施。通知应当包括构成侵权的初步证据及权利人的真实身份信息。

“网络服务提供者接到通知后，应当及时将该通知转送相关网络用户，并根据构成侵权的初步证据和服务类型采取必要措施；未及时采取必要措施的，对损害的扩大部分与该网络用户承担连带责任。

“权利人因错误通知造成网络用户或者网络服务提供者

损害的，应当承担侵权责任。法律另有规定的，依照其规定。”

第一千一百九十七条规定：“网络服务提供者知道或者应当知道网络用户利用其网络服务侵害他人民事权益，未采取必要措施的，与该网络用户承担连带责任。”

当发生网络侵权事件以后，除了直接实施侵权行为的人以外，网络服务的提供者同样需要承担一定的责任。这是因为网络平台是开放性的，任何人都可以接受网络服务，而网络服务的提供者有义务承担起维护本服务秩序的责任。如果发生扰乱秩序的行为，网络服务提供者必须采取相应的措施，避免给他人权利造成更大的损失。

小懿明明还在世，却被人设立了“网络灵堂”，在中国人的传统观念中，这是一种“不吉利”的行为，很可能会给小懿带来精神压力，以致损害小懿的精神健康。同时，如果网络灵堂被他人看见，还很可能影响小懿的名誉，给她造成名誉损害。此外，他人在未经小懿同意的情况下，盗用她的照片以及个人信息，这些行为还侵犯了她的肖像权和个人信息权利。

对于这些违法行为，小懿有权利要求平台采取删除信息、封禁账号等必要措施。同时，平台应当配合小懿查出设立灵堂者的真实身份，以便于她维护自己的权利。小懿可以对相关页面进行截图，保存证据，必要时提交给公安机关。

## 我在游泳馆不慎摔伤，游泳馆需要负责任吗？

### 民法典小案

放暑假后，由于天气炎热，小博与朋友们相约一起到游泳馆内游泳。小博以前从来没有游过泳，只能坐在一旁看着朋友们玩。见他好像很无聊，朋友们便提议教小博游泳。于是，几人来到浅水区，开始一起教小博游泳。学习了一下午，小博感到筋疲力尽，但也觉得很有意思。几个人决定回家后，便一起上岸准备去换衣服。而疲惫的小博在到楼上更衣室换衣服时，因楼梯湿滑不慎摔倒，滚下楼梯，被磕伤。

### 民法典讲堂

小博在游泳馆里摔伤，游泳馆需要负责任吗？

《民法典》第一千一百九十八条第一款规定：“宾馆、商场、银行、车站、机场、体育场馆、娱乐场所等经营场所、公共场所的经营者、管理者或者群众性活动的组织者，未尽到安全保障义务，造成他人损害的，应当承担侵权责任。”

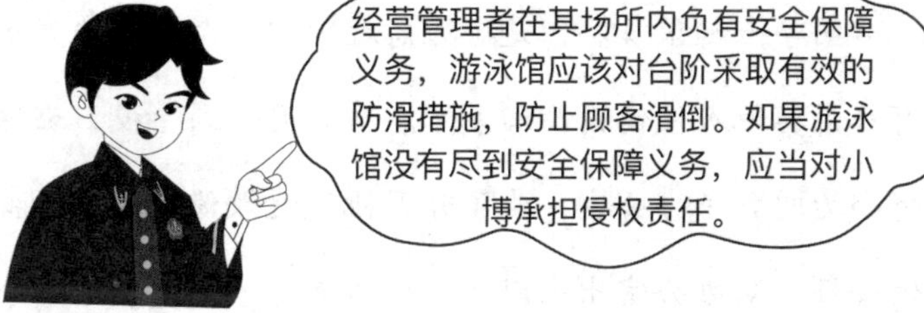


维护本场所内秩序，保证场所内群众的人身安全和财产安全，这是经营场所和公共场所应当履行的法定义务。如果未履行此义务导致他人受伤，经营管理者就应当承担责任。

例如，甲去逛超市，在蔬菜区踩到地上未及时打扫的菜叶而滑倒摔伤。由于该超市并没有及时对菜叶进行打扫清理，未尽到安全保障义务，因此应当赔偿甲的损失。

在游泳馆这样的场所，地面上有水是难以避免的。但是，为了防止顾客滑倒受伤，游泳馆在台阶、走廊等地方应当采取必要的防滑措施。小博在游泳馆内因踩到湿滑的台阶而摔伤。游泳馆如果没有对台阶采取有效的防滑措施，那么应当对小博承担侵权责任，对他进行赔偿。

## 在学校的时候被同学打伤，该要求谁赔偿？

### 民法典小案

一天放学后，在六年级某班，按照值日表该由小力和其他几名同学一起值日。但是小力想赶紧回家看球赛的直播，没有告诉其他人便偷偷溜回家了。第二天一到学校，班主任就将小力叫到了办公室，为了昨天他逃避做值日的事情批评了他一顿。从办公室出来以后，小力觉得一定是和他一个组的小鸿告的密，便去找他“理论”。两人一言不合就吵了起来，并且还动起了手。同学们看到后，纷纷前来劝架，班长也赶紧到办公室叫班主任。但是，班主任正在打电话，告诉班长一会儿过去。而在教室里，气愤的小鸿狠狠地推了一把小力，小力一个没站稳就摔在了地上，额头在椅子上磕了一个大伤口。

### 民法典讲堂

小力受伤，谁来赔偿?

《民法典》第一千二百条规定：“限制民事行为能力人在学校或者其他教育机构学习、生活期间受到人身损害，学校或者其他教育机构未尽到教育、管理职责的，应当承担侵权责任。”

当青少年在学校遭受人身损害时，学校作为教育、管理的一方，必然要首先承担起责任来。对于在学校内学习、生活的限制民事行为能力人（一般为八周岁以上的未成年人）来说，由于其具备一定的认知能力和行为能力，因此当其受到伤害时，学校只有在没有尽到教育、管理职责时才需要承担侵权责任。

小力和小鸿发生争吵后，小鸿将小力打伤。两人上六年级，都是限制民事行为能力人，应当认识到打人的行为会给他人造成伤害。因此，小鸿需要对小力的受伤结果负责。同时，班主任应当管理好本班级的学生，避免发生人身伤害事件。而班主任却因为要打电话未能及时赶到班级去制止小鸿和小力打架，也负有一定的责任。因此，应当由学校和小鸿的父母一起来对小力承担赔偿责任。

我们同学间要团结友爱，一旦发生矛盾，不要采取暴力手段解决，如果认为问题无法解决，可以报告给老师，让老师帮忙调解。

## 学生在学校被闯入校园的醉汉砍伤，学校有责任吗？

### 民法典小案

李某因生活不如意喝得酩酊大醉。回家路上，他路过了一所小学，在酒精的作用下起了报复社会的想法。于是，李某到附近的商店购买了一把菜刀，趁学校保安不注意时翻墙进入校园。正值学校的课间操时间，操场里到处都是正在做操的学生。李某看见学生就砍，虽然老师们已经尽快将学生疏散，但仍有很多学生被砍伤。公安局接到报案很快赶到现场逮捕了李某，而受伤学生则被送往医院。受伤学生的家长们得知这件事以后非常气愤，将学校门口围得水泄不通，纷纷要求学校给个说法，并提出了赔偿的要求。

### 民法典讲堂

学生们在校园内被他人砍伤，学校需要负责吗？

《民法典》第一千二百零一条规定："无民事行为能力人或者限制民事行为能力人在幼儿园、学校或者其他教育机构学习、生活期间，受到幼儿园、学校或者其他教育机构以外的第三人人身损害的，由第三人承担侵权责任；幼儿园、学校或者其他教育机构未尽到管理职责的，承担相应的补充责任。幼儿园、学校或者其他教育机构承担补充责任后，可以向第三人追偿。"

未成年人在学校学习和生活的过程中，有时也可能会遭受来自校园外的伤害。在这种情况下，主要应当承担责任的是实施侵权行为的人，而学校需要承担的主要是一种补充责任，并且在承担补充责任后还可以向侵权人追偿。

李某喝醉酒后翻墙进入校园将学生们砍伤，是造成人身事故的直接行为人。因此，应当由他来对受伤的学生承担赔偿责任。而对于学校来说，是否要对这次事故承担补充责任，应具体问题具体分析。比如，学校保安是否尽到了安保义务，是否存在工作疏忽；再比如，学校是否存在监控死角隐患，院墙是否采取了铁丝网等防止外人翻入的措施等。如果学校在各方面都做得到位，尽到了管理职责，那么其就不必承担相应的补充责任。否则，学校需要承担补充责任。

## 家中雇人摘果子，该人摔伤了，爸爸妈妈需要赔偿吗？

### 民法典小案

小彦家里有一片小果园，往年收获时都是由爸爸妈妈亲自采摘果子。可是，今年小彦的爸爸扭伤了腰，无法爬高踩低地摘果子了，而小彦妈妈一个人忙不过来，他们便雇了同村的石某帮忙一起摘果子。果树较高，采摘高处的果子时需要攀爬梯子。小彦妈妈反复叮嘱石某一定要将护具佩戴好再爬梯子，以防摔伤。可是石某觉得戴上护具以后会影响他动作的自由度，便趁小彦妈妈不注意时悄悄将护具摘下。就在小彦妈妈忙于采摘其他果树的果子时，石某不慎从梯子上踩空摔下，由于没佩戴护具而受了伤。

### 民法典讲堂

小彦的爸爸妈妈需要赔偿石某的医疗费吗？

《民法典》第一千一百九十二条第一款规定：“个人之间形成劳务关系，提供劳务一方因劳务造成他人损害的，由接受劳务一方承担侵权责任。接受劳务一方承担侵权责任后，可以向有故意或者重大过失的提供劳务一方追偿。提供劳务一方因劳务受到损害的，根据双方各自的过错承担相应的责任。”

在劳务关系中，所提供的劳务往往是一次性的、特定的。在我们的日常生活中，常见的小时工、搬运工、短期的家庭教师等，这些都属于劳务关系。在劳务关系中，很多时候双方都不会签订合同，如果发生纠纷，就需要根据法律的规定以及双方的约定来确定最终的责任人。

小彦的爸爸妈妈雇石某来采摘果子，与石某之间形成了劳务关系。石某不听小彦妈妈的叮嘱，擅自摘下护具导致受伤，其本身存在一定的过错。因此，对于石某因受伤所遭遇的损失，应该由他自己和小彦的爸爸妈妈一起来承担，关于按照怎样的比例，他们之间可以协商而定，如果实在协商不成，可以让村委会出面调解，必要时，也可以诉至法院解决。

## 在网上买的暖手宝爆炸将人烫伤，该找谁承担责任？

### 民法典小案

茜茜从网上购买了一个暖手宝。她收到暖手宝并使用了一周后，某天在给暖手宝充电时，听见暖手宝内传来了奇怪的响声。茜茜好奇地去查看，发现暖手宝鼓成了一个球，随后突然就爆炸了。茜茜躲闪不及，被暖手宝内滚烫的液体烫伤。后来，茜茜妈妈找卖暖手宝的卖家要求赔偿，可是卖家称这产品质量不关他们的事情，只能退买暖手宝的钱，让茜茜妈妈找厂家赔偿。

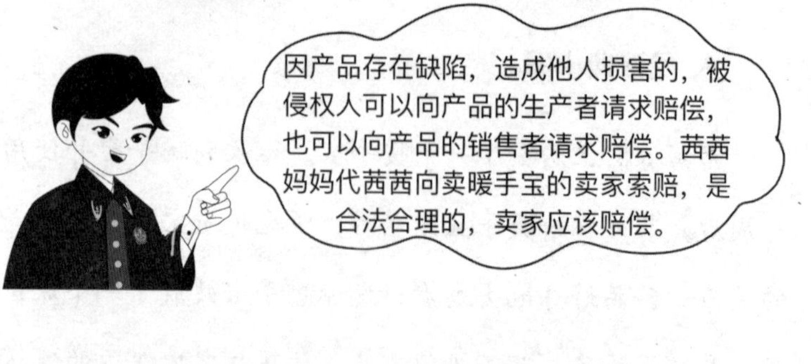

## 民法典讲堂

茜茜因暖手宝爆炸被烫伤，该找谁来承担责任?

《民法典》第一千二百零三条第一款规定：“因产品存在缺陷造成他人损害的，被侵权人可以向产品的生产者请求赔偿，也可以向产品的销售者请求赔偿。”

因产品缺陷给消费者造成损害的，承担责任的主体主要有两个：生产者和销售者。现实中，如果对于消费者来说，找销售商家比找生产厂商更便利，那么就找销售者维权即可。总之，找谁方便，哪方能让我们实现维权目的，就找哪一方。

茜茜在使用暖手宝的过程中，因暖手宝的线路存在缺陷发生爆炸而导致她受伤。这时，茜茜和她的爸爸妈妈可以找销售暖手宝的商家，将产品质量检测报告、医院诊断结果等相关证据出示给对方，要求对方承担赔偿责任。如果商家拒绝赔偿，他们可以申请调解、起诉。当然，在商家不愿意赔偿之下，他们还可以再找生产厂家赔偿。如果商家和生产厂家都拒绝赔偿，茜茜他们应当通过法律途径来维权。

无论是网上购物还是线下购物，我们都要尽量购买生产资质齐全的厂家所生产的产品，不要购买“三无”产品。如果在商场、超市或者网上发现出售“三无”产品，我们可以拨打 12315 进行投诉举报。

## 在放学路上因触摸充电桩触电身亡，该由谁负责？

### 民法典小案

鑫鑫蹦蹦跳跳地走在放学回家的路上。突然，他感觉鞋里面好像进了一颗小石子，怎么走路都觉得不舒服。他看到不远处有一个公用的电动车充电桩，便走上前去想要扶着来抖掉鞋里的石子。没想到，鑫鑫刚碰到充电桩，一阵强烈的电流就穿过了他的身体，他瞬间就不省人事了。路人连忙将他送往医院，但鑫鑫还是因为抢救无效去世了。事后，经过调查，在建设该充电桩的时候电路连接有问题，由于最近连续下了很多天雨，导致短路漏电。鑫鑫的爸爸妈妈悲痛万分，将建设充电桩的公司告上了法庭。

### 民法典讲堂

鑫鑫因触摸充电桩触电身亡，该由谁来负责？

《民法典》第一千二百四十条规定："从事高空、高压、地下挖掘活动或者使用高速轨道运输工具造成他人损害的，经营者应当承担侵权责任；但是，能够证明损害是因受害人故意或者不可抗力造成的，不承担责任。被侵权人对损害的发生有重大过失的，可以减轻经营者的责任。"

对于高空、高压这一类危险性比较强的活动来说，本身就很可能给他人造成伤害，并且一旦造成伤害往往会带来无法挽回的结果。因此，对于经营者来说，无论他们是否存在过错，都需要承担责任。法律规定的可以减免经营者责任的情况主要有两个：一个是经营者能够证明被侵权人存在重大过失或故意，另一个是经营者能够证明由于地震、洪水等不可抗力的发生而导致。

安装在路边的公用充电桩无法避免会被很多人接触，因此经营者需要格外注意安全问题，做好安全防护措施，防止漏电给他人造成损害。鑫鑫触摸充电桩的原因在生活中是比较常见的，不能认定他对结果的发生存在重大过失或者故意，建设充电桩的公司应该也无法证明这一点以及存在不可抗力的情况。那么，建设充电桩的公司应对鑫鑫的死亡结果承担全部的责任。

在我们的日常生活中，一定要注意用电安全，避开可能会漏电的装置，保障自身的人身安全。

## 客人来做客时，逗我养的小狗被咬伤，我需要赔偿吗？

### 民法典小案

晓霜从小就很喜欢小动物，在她的央求下，爸爸妈妈终于同意让她养一只小狗。晓霜给小狗起名叫小白，每天都非常精心地照顾它。一天，爸爸的朋友秦叔叔上门做客。他一看到小白，就表现出一副嫌弃的样子，认为在家里养狗太脏了。但是小白很喜欢和人玩，看到秦叔叔以后就摇着尾巴走上前来。秦叔叔见状，故意跺脚假装吓唬小白，看到小白害怕的样子哈哈大笑。随后，他还装作要用手打小白的样子，小白被吓得十分敏感，突然跳起来一口咬在了他的手上。顿时，秦叔叔的手鲜血直流，晓霜的爸爸妈妈连忙将他送到医院。

### 民法典讲堂

因为秦叔叔逗弄小白，小白才会咬他的，还需要赔偿他吗？

《民法典》第一千二百四十五条规定：“饲养的动物造成他人损害的，动物饲养人或者管理人应当承担侵权责任；但是，能够证明损害是因被侵权人故意或者重大过失造成的，可以不承担或者减轻责任。”

当宠物伤人时，需要承担责任的是饲养人或管理人。同时，法律还为宠物的饲养人和管理人规定了免责的条件。如果他们能够证明宠物伤人是受害人故意或者重大过失造成的，比如先踢打宠物、挑衅宠物，导致宠物反击从而被咬伤的，那么此时就可以适当地根据实际情况来减免责任。

晓霜所饲养的宠物狗小白咬伤了秦叔叔，晓霜一家人应当对秦叔叔承担赔偿责任。但是，秦叔叔作为一名成年人，明知道恐吓狗可能会导致狗伤人的结果，但仍然实施了这类行为，因此可以认为秦叔叔对于伤害的发生也是有一定责任的。晓霜一家和秦叔叔可以分担他所受到的损失，双方可以在友好协商的基础上确定责任的承担问题。

饲养宠物可以给我们带来心灵上的寄托，我们要成为文明养宠人，携带宠物出门时要拴好绳，做好保护措施，平时要好好管理宠物，避免发生宠物伤人的事件。

## 我经常给楼下流浪狗喂食，流浪狗咬伤邻居，我该负责吗？

### 民法典小案

小寒家所住的小区里有很多流浪狗，经常向过路的人讨吃的。小寒一直很喜欢小狗，但是爸爸妈妈不让他养，于是他经常到楼下投喂流浪狗，有时还和它们玩一会儿。时间一长，楼下的流浪狗们都认识了小寒，形成了固定的喂食地点和喂食时间。一天，同一个小区里居住的邻居在遛弯时，一只流浪狗突然攻击了他，将他的腿咬伤了。邻居连忙前往医院打了狂犬病疫苗，花了一些医疗费。事后，邻居得知是小寒一直在投喂流浪狗，才导致流浪狗们长时间在那里聚集，便来到他家想要个说法。但是小寒觉得自己也不是流浪狗的主人，没有责任赔偿邻居。

### 民法典讲堂

小寒作为流浪狗的长期投喂人，是否应该对邻居受伤负责呢？

《民法典》第一千二百四十九条规定："遗弃、逃逸的动物在遗弃、逃逸期间造成他人损害的，由动物原饲养人或者管理人承担侵权责任。"

对于流浪动物来说，要找到他们原来的主人是比较困难的一件事。因此，如果流浪动物给他人造成损害，那么受害人维权的难度也相对来说比较大。为了维护他们的权利，让受害人能够顺利维权，法律规定除了流浪动物的原主人外，管理人同样是承担责任的主体。在无法寻找到流浪动物的原主人时，就需要由管理人来承担侵权责任。

小寒因为喜欢流浪狗，长期给它们投喂食物，以至于形成了固定的喂食地点和喂食时间。可以看出，小寒虽然没有收养这些流浪狗，但是实际上已经成为它们的管理人。因此，当流浪狗咬伤邻居时，小寒需要承担一定的责任。

流浪动物该如何安置，一直是一个难题。当我们遇到流浪动物时，首先要做的是不要随意投喂，因为这样做很可能会壮大流浪动物的队列。我们应当寻求有关组织或机关的帮助，将流浪动物送往收容中心。

## 瞒着邻居将邻居家的狗带出去玩，小狗咬伤他人，谁来负责？

### 民法典小案

小溪非常喜欢小动物，但是爸爸妈妈以宠物身上有细菌为由，从来不让他养宠物。不久前，邻居家养了一条非常可爱的宠物犬，小溪非常喜欢它，常常和它一起玩耍。一天，小溪放学后，发现邻居进超市买东西时，将宠物犬拴在了超市门口。于是，小溪在没有通知邻居的情况下，擅自将宠物犬牵走，想带它玩一会后送回来。但是，一个没留神，小狗就挣脱了他的手，开始狂奔，并将远处的一位老奶奶撞倒。事后经过医院的诊断，老奶奶股骨颈骨折，需要住院治疗。

### 民法典讲堂

小溪擅自将宠物犬牵走导致他人受伤，应当由谁来承担责任？

《民法典》第一千二百五十条规定："因第三人的过错致使动物造成他人损害的，被侵权人可以向动物饲养人或者管理人请求赔偿，也可以向第三人请求赔偿。动物饲养人或者管理人赔偿后，有权向第三人追偿。"

一般来说，动物造成他人损害的，应当由动物的饲养人或者管理人来承担责任。但是，如果动物致人损害是由于第三人造成的，此时第三人是直接侵权人，应当承担责任。出于对被侵权人维权难度的考虑，其既可以向动物的饲养人或管理人请求赔偿，也可以向第三人请求赔偿。同时，为了维护动物饲养人的利益，法律赋予其向第三人进行追偿的权利。

小溪在没有经过宠物犬主人同意的情况下，擅自将宠物犬牵走，导致他人受伤。可以看出，小溪是造成老奶奶骨折的直接侵权人。老奶奶既可以要求宠物犬的主人承担医疗费，也可以要求小溪承担医疗费。如果宠物犬的主人承担了医疗费，可以向小溪的爸爸妈妈追偿。

现如今，饲养宠物的人越来越多。他人的宠物虽然可爱，但是在未经宠物主人允许的情况下，我们不能擅自将宠物带走。这样的行为不仅侵害了宠物主人的权利，还可能会引发纠纷。

## 走在路上被大楼因年久失修掉下来的玻璃砸伤，谁来负责?

### 民法典小案

到了周日，亮亮独自一人走在路上去上课外班。由于天气炎热，他想找个阴凉处避一避太阳，便贴着路边的大楼行走。突然，亮亮听到一声响，还没等他反应过来，一块玻璃从天而降将他砸倒。亮亮被好心人送往医院进行救治。后来经过调查，该大楼已经很久没有维护过了，窗户老化后也没人来维修，这才导致玻璃坠落砸伤了人。亮亮的爸爸妈妈想要为他讨个说法，于是去找大楼的物业公司，商讨赔偿事宜。

### 民法典讲堂

亮亮被大楼坠落的玻璃砸伤，该由谁来对他进行赔偿?

《民法典》第一千二百五十三条规定："建筑物、构筑物或者其他设施及其搁置物、悬挂物发生脱落、坠落造成他人损害，所有人、管理人或者使用人不能证明自己没有过错的，应当承担侵权责任。所有人、管理人或者使用人赔偿后，有其他责任人的，有权向其他责任人追偿。"

建筑物的设施掉落造成他人损害的，此时应当由建筑物的所有人、管理人或者使用人来承担责任。需要注意的是，这里的建筑物设施掉落一般应当认定为其自然脱落，例如墙砖掉落。如果是人为故意将建筑物上的搁置物、悬挂物弄掉的，这时应当由行为人来承担责任。例如，大楼上的牌匾在拆卸过程中掉落，此时应当由拆卸方来承担责任。

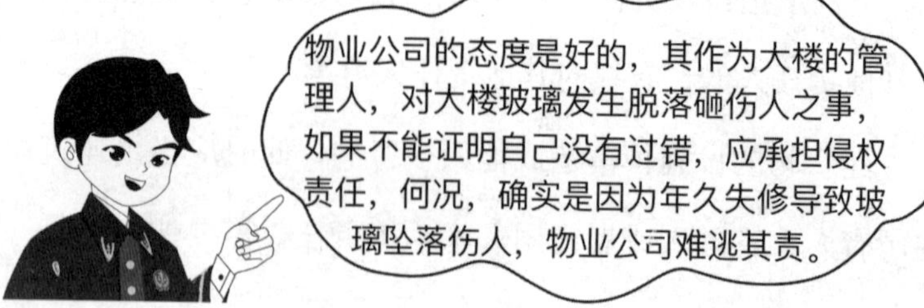

亮亮被从大楼上坠落的玻璃砸伤，按照上面的法律规定，如果大楼的管理人物业公司不能证明自己没有过错，就需要对亮亮承担侵权责任。况且，从调查结果来看，玻璃坠落是因为窗户老化年久失修，而物业公司是有责任定期维护大楼设施的，其存在失职行为。无论如何，物业公司都应当对亮亮承担赔偿责任。

我们在路上行走时要注意避开楼体，避免贴着楼体行走，以防止被坠落的物体砸伤。

## 被从天而降的垃圾砸伤，该找谁赔偿？

### 民法典小案

放学以后，鹏鹏很快就写完了作业，约了好几个住在同小区的同学一起玩。几个人在楼底下的绿化带旁边围了一圈，玩起了游戏。正当他们玩得高兴的时候，一袋垃圾突然从楼上被扔了下来，正好砸在了鹏鹏的头上，他当时就晕倒在地。几个小伙伴吓坏了，连忙叫来大人将鹏鹏送到了医院。经过医生的检查，鹏鹏的颅骨遭到了一定程度的损伤，需要住院治疗。鹏鹏的爸爸妈妈留下了那袋垃圾作为证据，发现垃圾袋特别沉，所以才会造成鹏鹏受了严重的伤。但是，他们也不知道这袋垃圾究竟是谁扔出来的，一时间也找不到该负责任的人。

### 民法典讲堂

鹏鹏被他人扔下楼的垃圾砸伤，找不到是谁扔的，该找谁赔偿？

《民法典》第一千二百五十四条规定："禁止从建筑物中抛掷物品。从建筑物中抛掷物品或者从建筑物上坠落的物品造成他人损害的，由侵权人依法承担侵权责任；经调查难以确定具体侵权人的，除能够证明自己不是侵权人的外，由可能加害的建筑物使用人给予补偿。可能加害的建筑物使用人补偿后，有权向侵权人追偿。

"物业服务企业等建筑物管理人应当采取必要的安全保障措施防止前款规定情形的发生；未采取必要的安全保障措施的，应当依法承担未履行安全保障义务的侵权责任。

"发生本条第一款规定的情形的，公安等机关应当依法及时调查，查清责任人。"

高空抛物行为一旦发生，很可能给受害者造成严重的身体损害，并且短时间内可能很难确定责任人。因此，为了保障受害人的权利，让受害人能够早日获得赔偿，减少损失，法律规定在无法确定具体责任人的情况下，受害人可以向所有可能高空抛物的人要求赔偿。此时，有可能实施高空抛物行为的人需要证明自己不是实际的责任人，否则就需要承担责任。同时，未采取必要安全保障措施的物业公司等，也需要对受害人负责。

鹏鹏被高空抛物砸伤后，要做的第一件事就是报警，让公安机关来对现场进行调查，查清究竟谁才是扔下垃圾的人。这样，鹏鹏才能准确地维护他的权利。如果无法确定扔垃圾的人，鹏鹏和爸爸妈妈可以对一整栋楼的住户提起诉讼，要求他们共同对鹏鹏进行赔偿。

我们一定要认识到高空抛物带来的危害，杜绝此类违法行为的发生。

## 被他人堆放在小区道路上的废品绊倒摔伤，谁来负责？

### 民法典小案

在小曼家的单元里，住着一个日常收集废品的老爷爷。老爷爷收集的废品在家里放不下，就将它们都堆放在了楼外面，有一部分还延伸到了小区供车辆和行人通行的公共道路上。有居民将这个问题反映给了物业公司，但是物业公司一直没有采取什么有效措施。一天，小曼在经过老爷爷堆放的废品时，一个没注意，就被一堆硬纸板给绊到了。她一个趔趄，重重地磕在旁边的石墩上，导致鼻骨骨折。

## 民法典讲堂

小曼被老爷爷堆放在小区道路上的废品绊到后摔伤，该由谁来负责？

《民法典》第一千二百五十六条规定："在公共道路上堆放、倾倒、遗撒妨碍通行的物品造成他人损害的，由行为人承担侵权责任。公共道路管理人不能证明已经尽到清理、防护、警示等义务的，应当承担相应的责任。"

公共道路是供公众通行的道路，必须保持畅通，不能有异物堵塞，否则很容易发生事故，给他人造成损害。如果因为在公共道路上堆放杂物而造成他人损害，不仅堆放杂物的人需要承担责任，如果公共道路管理人无法提供证据证明其尽到了本条规定中的义务，也需要承担责任。

老爷爷将一部分废品堆放在公共道路上，很容易妨碍其他车辆和行人的正常通行。他应当及时将废品清理干净，保证道路的畅通。而物业公司在接到居民投诉以后，也应当采取相关措施，例如对老爷爷进行劝说，或者直接将道路清理干净，来确保公众安全通行。但是，老爷爷和物业公司都没能尽到自己的义务，因此他们都需要对小曼受伤的结果负责。

我们要有公德心，不要妨碍公共道路通行，例如在公共道路上随意堆放垃圾、泼洒妨碍通行的液体，这样的行为都是不对的。

## 回家路上骑车掉坑里了，就应该自认倒霉吗?

### 民法典小案

由于明天就是周六了，小槐放学以后和几名同学在外面玩了一会儿才骑车回家。回家时，天已经黑了下来，路上的路灯还坏了几个，小槐看不太清路上的情况，只能小心翼翼地慢慢骑车。没想到，路面突然出现了一个大坑，小槐一个没稳住，就摔进了坑里，顿时就动弹不得了。原来，这个坑是白天的时候为了维修管道刚挖的，但是附近并没有设置安全标志。小槐被送往医院后，医生诊断为左腿骨折，需要卧床休息几个月。这下小槐连学校也不能去了，只能暗自感叹自己倒霉。

### 民法典讲堂

小槐骑车摔进坑里，只能自认倒霉吗?

《民法典》第一千二百五十八条第一款规定："在公共场所或者道路上挖掘、修缮安装地下设施等造成他人损害，施工人不能证明已经设置明显标志和采取安全措施的，应当承担侵权责任。”

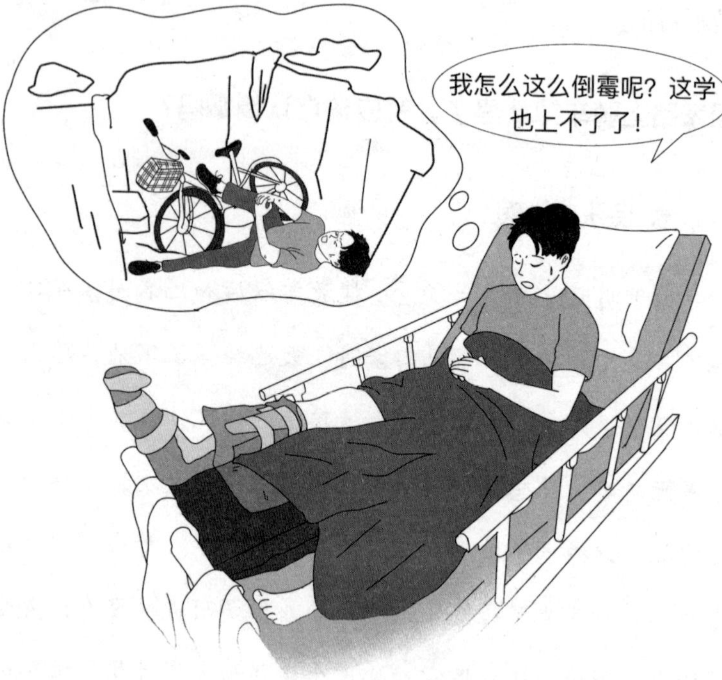


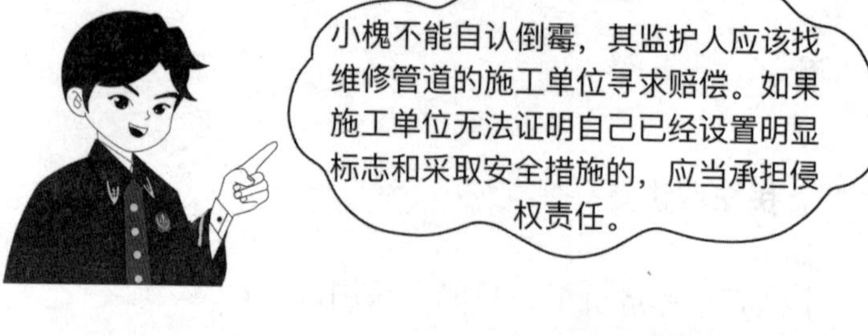


本条规定了在进行地面施工、地下设施维护等工作中，如果给他人造成损害，责任该如何承担的问题。在这种情况下，

责任应当由施工人来承担，并且应当由施工人来对其是否设立了明显的安全标志以及是否采取了安全措施来承担举证责任。

小槐在骑车回家的路上，坠入了因维修管道而挖掘的坑中而受伤。该路段到了晚上，灯光昏暗，很容易发生坠落事故。但是，该施工单位却没有在坑附近设立任何安全标志，让行人无法预料到路面的大坑，施工单位对此具有不可推卸的责任。因此，小槐的监护人可以要求施工单位进行赔偿。如果施工单位无法证明自己已经设置明显标志和采取安全措施，应当承担侵权责任。

## 走路时踩翻井盖，掉入下水道受伤，谁来赔偿？

### 民法典小案

阿云在路上行走时，发现路上有一个井盖。她见井盖盖在井口上，没有多想，便从上面走了过去。没想到，井盖并没有盖好，而是虚掩着的，阿云一下就踩翻井盖掉进了井里。摔入井里的阿云连忙大声呼救，过了很久才有经过的路人发现了她，将她送往医院。经医生诊断，阿云的身上有大面积的擦伤，脚踝也有轻度的骨折。经过调查，当天有工人进入井下维修管道，离开时因粗心大意没有将井盖盖好。随后，阿云与父母将该管道公司诉至法院，要求赔偿。

## 民法典讲堂

阿云在走路时踩翻井盖掉入下水道中受伤，该由谁来赔偿呢？

《民法典》第一千二百五十八条第二款规定："窨井等地下设施造成他人损害，管理人不能证明尽到管理职责的，应当承担侵权责任。"

对于窨井等地下设施来说，管理人必须承担起充分的管理职责，一旦这些设施存在破损等情况，所威胁的是不特定公众的生命与财产安全。当发生窨井等地下设施致人损害的事故时，管理人首先要承担的是举证责任，即证明其究竟是否尽到了管理职责的责任，如果无法证明，那么管理人就需要对他人的损害结果进行赔偿。

阿云在路上正常行走时，踩翻了没有盖严的井盖，从而掉入井中受伤。管道公司在维修管道时必须采取相应的防护措施，例如竖起警示牌，防止行人坠落井中。维修管道完成后必须确认井盖是否已经盖严盖实，确认井盖不会被行人踩翻。但是，维修工人并没有确认井盖的情况，导致阿云受伤。因此，管道公司在无法证明自己尽到管理职责的情况下，需要对阿云受伤的结果负责，即承担赔偿责任。

# 第六章 遗产继承

## 与青少年密切相关的《民法典》继承编法律常识

## 孩子的监护人可以替孩子表示“放弃继承”吗？

### 民法典小案

烁烁的妈妈不幸去世，留下了烁烁和爸爸相依为命。悲痛过后，一家人为妈妈办理了后事，并开始讨论遗产该如何分配。妈妈留下的遗产主要是一套结婚以后和爸爸一起购买的住房，扣除了爸爸的那一部分之后，剩余的部分要作为遗产分给爸爸、烁烁和姥爷姥姥。两位老人都表示他们不缺钱，要放弃继承权，让烁烁爸爸好好抚养烁烁长大。而爸爸认为，如果烁烁也放弃继承权的话，他就可以继承全部遗产份额，房屋就能完整地登记在他的名下，以后如果需要卖房办手续也方便一些。于是，爸爸替烁烁做主，出具了一份“放弃继承权声明”，让他放弃继承权。

### 民法典讲堂

爸爸可以替烁烁做主放弃继承权吗？

《民法典》第三十五条第一款规定：“监护人应当按照最有利于被监护人的原则履行监护职责。监护人除为维护被监护人利益外，不得处分被监护人的财产。”

第一千一百二十四条第一款规定：“继承开始后，继承人放弃继承的，应当在遗产处理前，以书面形式作出放弃继承的表示；没有表示的，视为接受继承。”

保障未成年人的利益是监护人应当承担的监护职责，对于接受遗产、接受遗赠这类纯获利益的情况，监护人应当积极维护未成年人的利益，不得擅自做主为未成年人放弃继承权，以致未成年人的权益受到损害。

根据法律的规定，烁烁有权继承妈妈的遗产，并取得相应部分的遗产所有权。烁烁爸爸替他放弃遗产的行为，无疑会使他应当获得的财产减少，损害了他的利益。因此，爸爸的做法是不合法的。当姥爷姥姥放弃继承权后，妈妈的遗产应当由烁烁和爸爸两人平分。爸爸必须保证烁烁继承这一部分遗产的权利，不能随意替他作出放弃继承权的决定。

## 爸妈离婚后，爸爸生病去世，我可以继承爸爸的遗产吗？

### 民法典小案

辰辰五岁时，爸爸妈妈因为感情不和而离婚。此后，辰辰跟随妈妈一起生活。爸爸虽然没有直接抚养辰辰，但总是会在放假的时候带她出去玩。几年后，爸爸再婚了，并且又生了一个小妹妹。自从小妹妹出生后，爸爸与辰辰见面的次数就少了很多。辰辰十四岁时，爸爸不幸患病去世，没有留下遗嘱。爸爸去世后，留下了一套房屋与十万元存款的遗产。妈妈提出辰辰有权利继承一部分遗产，但是爸爸的再婚妻子则表示辰辰已经很多年没有和爸爸一起生活，遗产应当留给爸爸新生的小妹妹。

**民法典讲堂**

辰辰的爸妈离婚后爸爸去世，她还有权继承爸爸的遗产吗？

《民法典》第一千一百二十七条第一款和第二款规定：“遗产按照下列顺序继承：

（一）第一顺序：配偶、子女、父母；

（二）第二顺序：兄弟姐妹、祖父母、外祖父母。

继承开始后，由第一顺序继承人继承，第二顺序继承人不继承；没有第一顺序继承人继承的，由第二顺序继承人继承。”

父母离婚以后，与子女之间的父母子女关系并不会有任何的改变，他们之间仍然应当履行法律规定的义务并享有相应的权利。即使父母再婚，这样的权利义务也不会受到影响。根据法律的规定，子女是父母遗产的第一顺序继承人。父母离婚后，无论子女是否直接由其抚养，都不影响子女所享有的继承权。

辰辰的爸妈离婚后，她跟随妈妈一起生活，但仍然是爸爸的女儿，这一点永远不会改变。即使爸爸已经再婚并有了新的孩子，辰辰依然对爸爸的遗产享有继承权。出于人情的考虑，辰辰和妈妈可以先与爸爸的再婚妻子进行协商，共同商量遗产的份额分配问题。如果对方坚持不让辰辰继承遗产，辰辰妈妈可以代替辰辰向法院提起诉讼，主张其应得的遗产份额。

## 爷爷说叔叔是“浪子回头金不换”，那他还能继承爷爷的遗产吗？

### 民法典小案

小绍的爷爷有两个儿子。除了小绍爸爸以外，小绍还有个叔叔，但是叔叔已经好几年没和家里联系了。听爸爸说，叔叔以前一直不务正业，前些年爷爷立下了遗嘱，叔叔觉得爷爷给他留的遗产太少了，偷偷改了遗嘱。爷爷知道以后大发雷霆，将叔叔赶了出去，并表示不会给他任何遗产。几个月前，叔叔突然回了家，真心实意地认识到了自己当年的错误，并保证以后一定认真工作、好好生活。经过一段时间的考验，大家发现他竟然真的像变了一个人似的，变得发奋起来。爷爷对叔叔的转变非常满意，并修改了遗嘱，又将叔叔列入了继承人当中。爷爷说，叔叔这是“浪子回头金不换”，这让他非常欣慰。

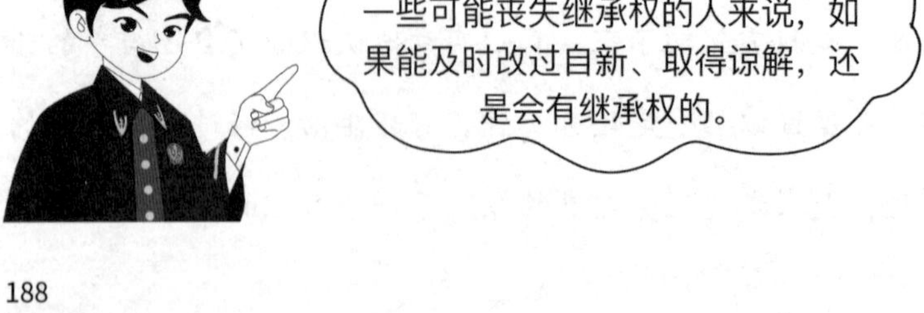

## 民法典讲堂

小绍的叔叔还能继承爷爷的遗产吗？

《民法典》第一千一百二十五条规定："继承人有下列行为之一的，丧失继承权：

（一）故意杀害被继承人；

（二）为争夺遗产而杀害其他继承人；

（三）遗弃被继承人，或者虐待被继承人情节严重；

（四）伪造、篡改、隐匿或者销毁遗嘱，情节严重；

（五）以欺诈、胁迫手段迫使或者妨碍被继承人设立、变更或者撤回遗嘱，情节严重。

"继承人有前款第三项至第五项行为，确有悔改表现，被继承人表示宽恕或者事后在遗嘱中将其列为继承人的，该继承人不丧失继承权。

"受遗赠人有本条第一款规定行为的，丧失受遗赠权。"

本条规定了可能会丧失继承权的几种情况。在第一种和第二种情况下，继承人为了独占遗产或获得更多的遗产，实施了杀人这样严重的犯罪行为，法律坚决抵制这样的做法，必须剥夺其继承权。无论被继承人或者其他继承人是否死亡，继承人都会丧失继承权，且日后无法恢复。

而对于第三种到第五种情况来说，继承人虽然也损害了被继承人的权利，但是情节上相对来说比较轻微。并且，考虑到继承人和被继承人之间的亲属关系，双方之间是存在感情羁绊的，继承人的行为很可能是出于一时的鬼迷心窍，日后悔改的可能性大。因此，对于这三种情况来说，只要被继承人表达了宽恕，或者事后在遗嘱中为其分配了遗产，那么该继承人仍然享有继承权。这样规定是为了让亲属关系更为和睦，鼓励做错的继承人改过自新。

叔叔趁人不备悄悄修改遗嘱内容，根据法律的规定，如果属于情节严重，他原本应当丧失继承权。但是，叔叔认识到了自己的错误，改过自新，而爷爷也认可了叔叔的改变，在遗嘱中重新分配了遗产，此时，叔叔仍然可以继承爷爷的遗产。

## 爷爷去世后没有留下遗嘱，我和爸爸都能继承爷爷的遗产吗？

### 民法典小案

小羽的爷爷一直患有高血压等疾病，需要长期吃药控制。一天，爷爷在外出时突发心肌梗死，被好心人送到医院，虽然医生已经尽力抢救了，但还是没能救回他的生命。爷爷去世以后，大家都非常伤心。由于事出突然，爷爷并没有留下遗嘱，于是大家在清点了爷爷的遗产后，决定由奶奶、爸爸和姑姑平分爷爷的遗产。小羽对此感到有些好奇，明明他也是爷爷的亲人，为什么遗产没有他的份呢？

## 民法典讲堂

爷爷去世后没有留下遗嘱，小羽能像爸爸一样继承爷爷的遗产吗？

《民法典》第一千一百二十七条第一款和第二款规定：

“遗产按照下列顺序继承：

（一）第一顺序：配偶、子女、父母；

（二）第二顺序：兄弟姐妹、祖父母、外祖父母。

“继承开始后，由第一顺序继承人继承，第二顺序继承人不继承；没有第一顺序继承人继承的，由第二顺序继承人继承。”

在法定继承的情况下，并不是所有法定继承人都可以继承遗产，而是要按照法律规定的顺序来进行继承。法律将所有的法定继承人分为了第一顺序继承人和第二顺序继承人，在有第一顺序继承人的情况下，即使第二顺序继承人并未丧失继承权，也不能继承遗产。

爷爷去世以后，奶奶是爷爷的配偶，爸爸和姑姑是爷爷的子女，他们都是第一顺序继承人。因此，按照继承顺序，奶奶、爸爸和姑姑才能继承爷爷的遗产，小羽是不能继承爷爷的遗产的。如果爸爸在爷爷去世前就已经不在人世了，那么此时小羽作为爸爸的儿子，可以代替爸爸享有继承权，代位继承爷爷的遗产。

## 继父去世，没有留下遗嘱，我是否有权继承他的遗产？

### 民法典小案

璐璐的爸爸妈妈离婚几年后，妈妈带着她嫁给了继父。继父的性格十分温柔包容，虽然他和璐璐没有血缘关系，但从没有把她当成外人，而是像亲生父亲一样爱护她、教导她。经过几年的相处，璐璐与继父的感情十分融洽。没想到，继父却在一次事故中意外去世了，去世前没有留下遗嘱。继父与璐璐妈妈结婚前还有一个儿子小周，跟随他的前妻生活。小周在得知父亲去世后，提出要继承一半的遗产。璐璐妈妈表示，璐璐还没有成年，她也需要一部分遗产来供以后的学习和生活支出。而小周却认为，璐璐和继父没有血缘关系，她没有权利继承继父的遗产。

## 民法典讲堂

璐璐的继父去世，没有留下遗嘱，璐璐有权继承继父的遗产吗?

《民法典》第一千一百二十七条第一至第三款规定："遗产按照下列顺序继承：

（一）第一顺序：配偶、子女、父母；

（二）第二顺序：兄弟姐妹、祖父母、外祖父母。

"继承开始后，由第一顺序继承人继承，第二顺序继承人不继承；没有第一顺序继承人继承的，由第二顺序继承人继承。

"本编所称子女，包括婚生子女、非婚生子女、养子女和有扶养关系的继子女。"

父母与子女之间互为法定第一顺序继承人，在法定继承的情况下，有权互相继承遗产。在法律规定中，父母和子女并不仅限于血缘关系。对于养父母、养子女、继父母、继子女这样的情况，只要形成了实际上的扶养关系，同样互相享有继承权。

璐璐与继父之间虽然并无血缘关系，但是继父一直爱护、教导璐璐，也为她提供了经济上的支持。因此，璐璐与继父之间已经形成了实际上的扶养关系，当继父过世以后，璐璐有权继承他的遗产。小周阻止璐璐继承遗产的行为是没有法律依据的，璐璐和母亲有权要求继承遗产，否则可以采取法律途径维权，如向法院提起诉讼。

对于已经形成扶养关系的继子女、继父母来说，他们之间往往也形成了较为深厚的感情基础，让璐璐来继承遗产可能更符合继父生前的期望。

## 我跟随姥姥长大，姥姥去世后，我能继承她的遗产吗？

### 民法典小案

彤彤出生在一个江南小镇里，从她记事起，爸爸妈妈就长年在外打工，每年只回来一两次。平日里，彤彤都是跟随姥姥一起生活。温柔又慈爱的姥姥十分疼爱彤彤，有什么好吃的总是想着留给她，还曾经很多次表示如果自己不在了，要将他们居住的老屋留给彤彤当她以后的嫁妆。一天，彤彤正在上学，姥姥下地干活时突发急病，送到医院时已经晚了。办理完姥姥的后事，妈妈并没有找到姥姥有留下遗书的迹象，便作为唯一的继承人继承了所有的遗产，包括姥姥说过要留给彤彤的老房。

## 民法典讲堂

彤彤能继承姥姥的遗产吗?

《民法典》第一千一百三十八条规定:“遗嘱人在危急情况下,可以立口头遗嘱。口头遗嘱应当有两个以上见证人在场见证。危急情况消除后,遗嘱人能够以书面或者录音录像形式立遗嘱的,所立的口头遗嘱无效。”

可以看出,使用口头的形式所立的遗嘱,只有在危急的情况下(比如临终前)才能得到法律的承认。虽然姥姥生前多次说过将老屋留给彤彤,但这仅限于口头上的意思表示,不能算有法律效力的遗嘱。因此,彤彤不能继承老屋。

《民法典》第一千一百二十八条第一款规定:“被继承人的子女先于被继承人死亡的,由被继承人的子女的直系晚辈血亲代位继承。”

本条规定了直系亲属间的代位继承制度。直系晚辈血亲代位继承的前提是被继承人的子女先于被继承人死亡。如果被继承人的子女仍然在世,那么就应当由子女来继承,其他直系晚辈血亲在没有遗嘱的情况下是不能继承遗产的。

彤彤的姥姥去世以后,虽然她和姥姥一直在一起生活,但是彤彤的妈妈才是法定的第一顺序继承人。彤彤的妈妈仍然在世,姥姥的遗产应当由她来继承。

也就是说，无论从哪一个角度来讲，彤彤都无权继承姥姥的遗产。

## 小姨一生没有结婚，她的遗产该由谁来继承？

### 民法典小案

在熙熙很小的时候，妈妈去世了，她跟随爸爸生活。熙熙还有一个小姨，她一直没有结婚，也没有孩子。多年以来，小姨都非常疼爱熙熙，熙熙也是她在这个世上唯一的亲人。熙熙考上大学以后，离开家到外地上学。一天，她突然接到噩耗，小姨在家里突发疾病去世了。熙熙万分悲痛，回家为小姨办理后事。在整理小姨的遗产时，她发现小姨名下有一套房屋和四十万存款，但并没有留下遗嘱。

### 民法典讲堂

小姨一生没有结婚，她的遗产该由谁来继承？

《民法典》第一千一百二十七条第一款和第二款规定：“遗产按照下列顺序继承：

（一）第一顺序：配偶、子女、父母；

（二）第二顺序：兄弟姐妹、祖父母、外祖父母。

“继承开始后，由第一顺序继承人继承，第二顺序继承人不继承；没有第一顺序继承人继承的，由第二顺序继承人继承。”

《民法典》第一千一百二十八条第二款规定：“被继承人的兄弟姐妹先于被继承人死亡的，由被继承人的兄弟姐妹的子女代位继承。”

对于始终没有结婚的人来说，如果也没有收养子女，那他的第一顺位继承人就只有父母，如果父母先去世的，那他的第二顺位继承人“兄弟姐妹、祖父母、外祖父母”就会继承他的遗产。如果第二顺位的这些继承人也先于他去世，那他的兄弟姐妹的子女就可以继承他的遗产。

熙熙的小姨无儿无女，也没有其他法定继承人。小姨去世后，熙熙可以代位继承她的遗产。在这种情况下，实际上享有继承权的其实是熙熙的母亲。但是熙熙的母亲先于小姨去世，已经无法继承小姨的遗产了。为了使小姨的遗产能够有人继承，保障熙熙作为亲属的权利，她可以代为行使母亲的继承权，来继承小姨的遗产。

需要注意的是，侄（女）甥（女）一辈可以代位继承的前提是原来的继承人享有继承权。如果原继承人因某种原因丧失继承权，那么也就谈不上代位继承了。同时，代位继承人所能继承的遗产仅限于原继承人能继承的遗产范围。

## 我已经是初中生了，能作为遗嘱见证人吗？

### 民法典小案

妙妙今年十三岁，正在上初中。她家对门住着一位独居的张奶奶。张奶奶前不久刚过完八十大寿，觉得是时候立一份遗嘱了。经过多方打听，张奶奶觉得立一份视频遗嘱最为方便，但是需要两个见证人。于是，张奶奶请来了妙妙妈妈和妙妙一起来当遗嘱见证人。妙妙和妈妈认为这是张奶奶对她们的信任，很高兴地答应了。随后，张奶奶用手机视频录制了遗嘱的内容，并让妙妙和妈妈在视频中留下了自己的身份、肖像及当天的年月日。视频遗嘱录制完成后，张奶奶郑重地保存了起来。

### 民法典讲堂

妙妙能作为遗嘱的见证人吗？张奶奶立下的视频遗嘱有效吗？

《民法典》第一千一百四十条规定：“下列人员不能作为遗嘱见证人：

（一）无民事行为能力人、限制民事行为能力人以及其他不具有见证能力的人；

（二）继承人、受遗赠人；

（三）与继承人、受遗赠人有利害关系的人。”

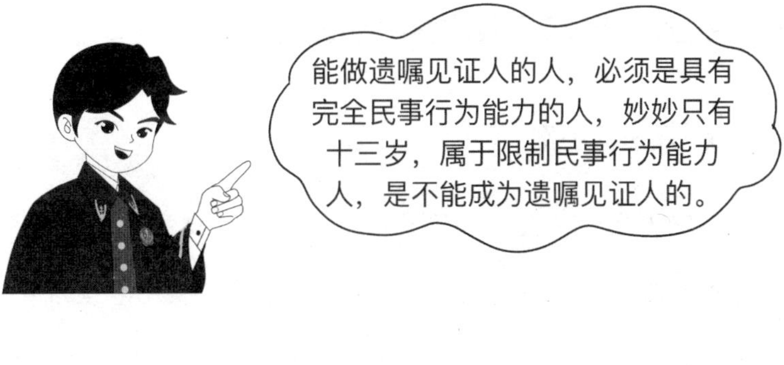

对于某些形式的遗嘱来说，必须有见证人在场，遗嘱才能具有法律效力，例如视频遗嘱、录音遗嘱、打印遗嘱、代书遗嘱。但是，见证人并不是什么人都可以当的，有一些人是不能作为遗嘱见证人的，不具有完全民事行为能力的未成年人就是其一。

妙妙只有十三岁，还是一名限制民事行为能力人，是不能担任见证人的。而张奶奶所立下的视频遗嘱，由于缺乏有效的见证人，也不具有法律效力。张奶奶需要重新寻找其他见证人，例如居委会、村委会的工作人员，其他没有利害关系的朋友等，重新立下遗嘱。

在立遗嘱时，见证人的身份是否合格往往会受到遗嘱人的忽视，这样很可能会导致遗嘱无法成立，从而致使遗嘱人无法表达出自己对于遗产分配的真实意愿。因此，要重视见证人的资格，从而更好地保证遗嘱的有效性。

## 爸爸所立的遗嘱没有我的继承份额，合法吗？

### 民法典小案

小聪出生没多久，妈妈就因病去世了。自此以后，爸爸一直将小聪交给姥爷姥姥抚养，平时只负责给他一些生活费，与他之间没有什么感情。没过几年，爸爸就和别人组成了新的家庭，还有了一个女儿。不久前，爸爸患上了绝症，剩下的生命已经不多了。在去世前，爸爸留下了一份遗嘱，将所有的遗产留给了现在的妻子和女儿，而没有小聪的份额。得知爸爸去世的消息以后，年迈的姥爷姥姥带着还未成年的小聪来到他继母的家中，要求继承一部分遗产，但被对方拒绝。

## 民法典讲堂

小聪爸爸将遗产全部留给现在的妻子和女儿而不给小聪，这样合法吗？

《民法典》第一千一百四十一条规定："遗嘱应当为缺乏劳动能力又没有生活来源的继承人保留必要的遗产份额。"

《最高人民法院关于适用〈中华人民共和国民法典〉继承编的解释（一）》第二十五条规定："遗嘱人未保留缺乏劳动能力又没有生活来源的继承人的遗产份额，遗产处理时，应当为该继承人留下必要的遗产，所剩余的部分，才可参照遗嘱确定的分配原则处理。

"继承人是否缺乏劳动能力又没有生活来源，应当按遗嘱生效时该继承人的具体情况确定。"

遗嘱人在立遗嘱时，虽然对遗产如何处分享有非常大的自主权，但是遗嘱内容需要符合法律的规定。上面两条规定了遗产的必留份问题，遗嘱人必须为没有生活来源和劳动能力的继承人保留必要的遗产。这样做是为了保障继承人的权利，避免此类继承人在遗嘱人去世后生活无法得到保障。

小聪是未成年人，本身不具有劳动能力，也没有生活来源。小聪爸爸在立遗嘱时，必须考虑到小聪未来的生活，并为他留下必要的份额。因此，虽然爸爸的遗嘱中并没有给小聪留遗产，但是在遗产实际分割时，仍然需要为小聪留下必要的遗产份额，剩余部分才能按照遗嘱的内容分给爸爸现在的妻子和女儿。

## 虽然我还未成年，但是我想订立一份遗嘱，会有法律效力吗？

### 民法典小案

佳佳正在上初中，家里的经济条件一直很好。从她很小的时候，妈妈就为她置办了很多的财产，都登记在佳佳本人的名下。几个月前，班里有一名同学突然患上了重病，已经很久没来上学了。昨天班会课上，班主任遗憾地告诉同学们，那名同学因病情过重已经去世了。佳佳听后感到十分伤心，伤心之余，她想到，人生世事无常，如果自己也像那名同学一样突染重病，可能有很多话都来不及说。于是，佳佳为自己立了一份遗嘱，在里面写了很多要对爸爸妈妈说的话，同时还对自己名下的财产进行了分配。

## 民法典讲堂

佳佳还是个未成年人，她立下的遗嘱有法律效力吗？

《民法典》第一千一百四十三条第一款规定："无民事行为能力人或者限制民事行为能力人所立的遗嘱无效。"

《最高人民法院关于适用〈中华人民共和国民法典〉继承编的解释（一）》第二十八条规定："遗嘱人立遗嘱时必须具有完全民事行为能力。无民事行为能力人或者限制民事行为能力人所立的遗嘱，即使其本人后来具有完全民事行为能力，仍属无效遗嘱。遗嘱人立遗嘱时具有完全民事行为能力，后来成为无民事行为能力人或者限制民事行为能力人的，不影响遗嘱的效力。"

由于未成年人还是无民事行为能力人或者限制民事行为能力人，尚且无法处分自己的财产，对于死亡和遗产处理也并不具有完全的认识能力。因此，未成年人是不能立遗嘱的，即使立了遗嘱，也不具有法律效力。并且，在未成年时期立下的遗嘱并不会随着时间的流逝而变得有效，即使未成年人年满十八岁以后，其在未成年时立下的遗嘱依然无效，要想立遗嘱必须重新拟定。

佳佳是一名未成年人，她所立下的遗嘱是没有法律效力的。如果未成年人不幸去世，他们的遗产只能按照法定继承的方式，由法定继承人继承。

## 爸爸去世时，妈妈还怀着未出世的小宝宝，需要给小宝宝留遗产吗？

### 民法典小案

娜娜今年十岁，是家里的独生女。不久前，爸爸妈妈告诉了她一个好消息，妈妈已经怀孕了，再过不久娜娜就可以有一个小弟弟或小妹妹了。正当大家沉浸在幸福中时，娜娜的爸爸却不幸遭遇车祸而丧生。爸爸去世以后，留下了不少遗产。由于爸爸并没有留下遗嘱，于是经过大家的讨论，决定由爷爷、奶奶、娜娜和妈妈四个人平分爸爸的遗产。这时，妈妈突然想到，肚子里还有个小宝宝，提出应给小宝宝留一份遗产。而爷爷奶奶认为小宝宝还没出生，不需要为他留遗产。

### 民法典讲堂

娜娜一家在分割爸爸的遗产时，是否需要为妈妈肚子里的小宝宝也预留一份呢?

《民法典》第一千一百五十五条规定:“遗产分割时,应当保留胎儿的继承份额。胎儿娩出时是死体的,保留的份额按照法定继承办理。”

《最高人民法院关于适用〈中华人民共和国民法典〉继承编的解释(一)》第三十一条规定:“应当为胎儿保留的遗产份额没有保留的,应从继承人所继承的遗产中扣回。

“为胎儿保留的遗产份额,如胎儿出生后死亡的,由其继承人继承;如胎儿娩出时是死体的,由被继承人的继承人继承。”

在遗产分割时,如果有未出生的胎儿,是应当为胎儿保留遗产份额的。虽然胎儿在此时还没有出生,仍然不能算是一个完整的“人”,但是在继承这样纯获利益的场合,是可以先行赋予胎儿民事权利能力的。当胎儿出生以后,需要根据胎儿是否存活,再确定遗产究竟如何继承。

娜娜的爸爸去世时,妈妈正在怀孕。在分割遗产时,应当为妈妈肚子里的小宝宝保留应属于他的份额。如果小宝宝出生并正常存活,那么遗产就应当归其所有。如果娜娜妈妈流产或者小宝宝一出生就是死体,那么就由爷爷奶奶、妈妈和娜娜继承原本为小宝宝保留的份额。如果小宝宝在出生以后过了一段时间才死亡的，那么属于小宝宝的那份遗产应当由娜娜妈妈继承。

## 邻居老奶奶无儿无女，我爸爸能和她签订遗赠扶养协议吗？

### 民法典小案

黎黎家楼下住着一名老奶奶，是一名独居老人。老奶奶年轻的时候一直没有生育子女，老伴也早就去世了。黎黎的爸爸妈妈看老奶奶一个人居住，平时有什么事需要帮忙的，总是主动搭把手，两家的关系比较亲密。一天，老奶奶敲响了黎黎家的房门，表示自己年纪大了，要为将来的养老做考虑，想和黎黎爸爸签订一个遗赠扶养协议：由黎黎爸爸负责她的生养死葬，等她去世以后，她所有的遗产都归黎黎爸爸所有。黎黎爸爸听说以后，和家人商量了这件事。大家都认为这样能更好地帮助老奶奶度过晚年生活，是一件好事。

### 民法典讲堂

遗赠扶养协议是怎么回事？黎黎爸爸可以和邻居老奶奶签订遗赠扶养协议吗？

《民法典》第一千一百五十八条规定：“自然人可以与继承人以外的组织或者个人签订遗赠扶养协议。按照协议，该组织或者个人承担该自然人生养死葬的义务，享有受遗赠的权利。”

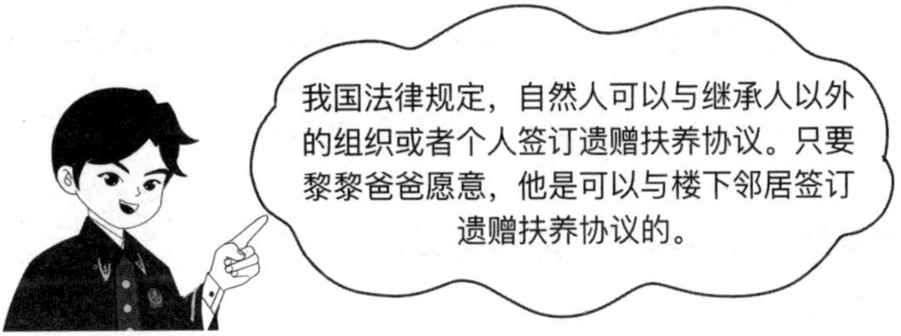


遗赠扶养协议签订以后，扶养人的义务主要是按照约定照顾被扶养人的生养死葬，而被扶养人的义务主要是在去世

后将遗产赠送给扶养人所有。双方都应当依法履行义务，如果扶养人不按照协议约定履行义务，那么被扶养人有权拒绝给付遗产。

同时，遗赠扶养协议具有法律效力上的优先性，如果被扶养人有其他继承人而签订了遗赠扶养协议的，那么应当以遗赠扶养协议为优先。例如，张爷爷留下遗嘱将房屋和存款留给儿子，但几年以后又和徒弟小孙签订了遗赠扶养协议，约定将存款给小孙。此时，遗赠扶养协议与遗嘱发生了冲突，应当以遗赠扶养协议为准，张爷爷的儿子只能继承取得房屋，而不能取得存款。

需要注意的是，签订遗赠扶养协议的人之间应不具有继承关系。如果父亲与儿子签订遗赠扶养协议，这是不行的。对于楼下邻居老奶奶而言，黎黎爸爸不属于她的继承人，是可以与她签订遗赠扶养协议的。这样也能更好地保障老奶奶在晚年的生活，同时也能为黎黎爸爸的付出提供一份回报。

## 如果遗产无人继承，那这笔钱该怎么办呢？

### 民法典小案

小越的爸爸有个远房亲戚表爷爷，今年已经九十岁高龄了。老人一生无儿无女，其他兄弟姐妹也都先于他过世。这些年来，一直是小越爸爸时不时去照看他一下。一天，小越爸爸去看望老人时，发现他倒在家中，连忙将他送往医院。可是，老人还是去世了。小越爸爸为老人办理了后事。在整理遗物时，爸爸发现老人留下了一些遗产。老人没有立遗嘱，也没有法定继承人，爸爸不知道该如何处理遗产。

## 民法典讲堂

爸爸表爷爷的遗产该如何处理？

《民法典》第一千一百三十一条规定："对继承人以外的依靠被继承人扶养的人，或者继承人以外的对被继承人扶养较多的人，可以分给适当的遗产。"

第一千一百六十条规定："无人继承又无人受遗赠的遗产，归国家所有，用于公益事业；死者生前是集体所有制组织成员的，归所在集体所有制组织所有。"

在我国法律中，采取了各种各样的措施来保护被继承人的遗产，让遗产能够有人继承。取得遗产的方式包括法定继承、遗嘱继承、遗赠等。如果被继承人既没有立下遗嘱，也没有其他法定继承人，此时遗产应当归国家或者集体所有。

小越爸爸的表爷爷既没有留下遗嘱，也没有法定继承人来继承他的遗产。但是，小越爸爸在老人晚年期间帮了他很多，并为他办理了后事，实际上对表爷爷进行了一定的扶养，因此根据法律的规定，可以适当分给小越爸爸一部分遗产，剩余的遗产应当依法归国家或者老人所属的集体所有。

# 第七章 订立合同

与青少年密切相关的
《民法典》合同编法律常识

## 订立和履行合同时要遵循怎样的原则？

### 民法典小案

最近，小洁的妈妈接了一个给人设计若干演出服装的任务。对方让小洁妈妈这边拟定合同。在拟定合同的内容时，小洁妈妈斟酌了很久，生怕最终因为合同内容出现纰漏，出现纠纷难以解决的情况。乖巧懂事的小洁也来帮助妈妈，他上网查了一些关于签订合同的资料，还通过同班同学联系上了一位做律师的家长，让其帮忙审阅了妈妈起草的合同。那位律师说，起草合同的一方，应站在一定的高度，带着公平公正的心态去拟定合同条款，不能因为是自己拟定合同就偏向自己一方，特别是订立和履行合同时都要遵循法律规定的原则。

### 民法典讲堂

订立和履行合同时，要遵循哪些原则呢？

《民法典》第五条规定："民事主体从事民事活动，应当遵循自愿原则，按照自己的意思设立、变更、终止民事法律关系。"

第六条规定："民事主体从事民事活动，应当遵循公平原则，合理确定各方的权利和义务。”

第七条规定：“民事主体从事民事活动，应当遵循诚信原则，秉持诚实，恪守承诺。”

第八条规定：“民事主体从事民事活动，不得违反法律，不得违背公序良俗。”

第九条规定：“民事主体从事民事活动，应当有利于节约资源、保护生态环境。”

以上是《民法典》关于大家在从事民事活动时应当遵循的法律原则的规定。在我们的生活中，民事活动的表现形式多种多样，其中订立和履行合同就属于典型的民事活动。因此，总结来看，订立和履行合同需要符合以下几个原则：

第一，自愿原则。在订立合同时必须为双方自愿，任何一方都不能对另一方加以强迫。

第二，公平原则。这要求我们在拟定合同内容时，要注意公平分配双方的权利义务，避免过于加重一方义务、减轻另一方责任的情况出现。比如对于“一旦发生事故或损坏，某一方概不负责”这样的条款，要特别注意是不是属于不公平的条款。

第三，诚信原则。在订立合同时必须讲诚信，不能存在欺诈、隐瞒行为。诚信原则贯穿于民事活动的始终，不仅是一项重要的法律原则，也是一条重要的道德标准。

第四，要遵守法律的规定，也不能违背公序良俗。例如，甲和乙订立合同，约定由甲去打一个人，乙支付一定的报酬。这样的合同违反了法律和公序良俗，是无效的。

第五，绿色原则。在订立合同时，要注意尊重自然规律，避免对环境造成破坏，推动可持续发展。

小洁的妈妈在与他人订立和履行合同时，同样需要遵循以上这些原则，否则很可能使合同无法产生法律上的效力，导致合同目的无法实现。

## 我们未成年人可以签合同吗？

### 民法典小案

小耀今年十三岁，经常在青少年文学网站上投稿自己写作的短篇文章，爸爸妈妈都很支持他这个爱好。由于长期稳定投稿，他所写的文章质量也比较高，网站的编辑私信了小耀，提出想和他签约，让他成为网站的签约作者。小耀很爽快地答应了。编辑表示他们之间需要签订一份合同，来明确网站与小耀之间的权利义务关系。因为小耀还未成年，编辑便提出他现在想要签合同必须得到父母的同意。

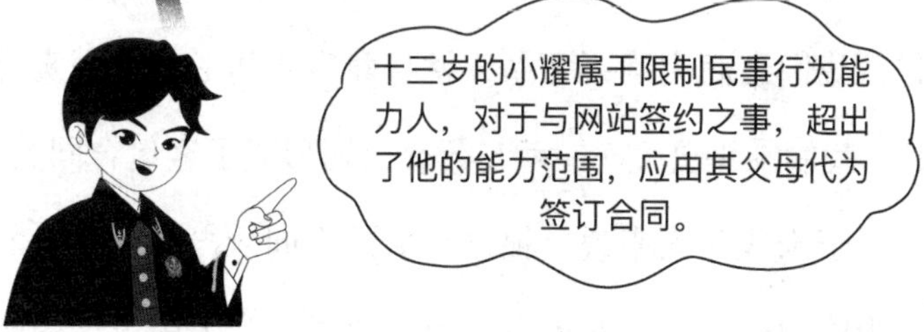


## 民法典讲堂

未成年人可以签合同吗？

《民法典》第十八条规定：“成年人为完全民事行为能力人，可以独立实施民事法律行为。

“十六周岁以上的未成年人，以自己的劳动收入为主要生活来源的，视为完全民事行为能力人。”

第十九条规定：“八周岁以上的未成年人为限制民事行为能力人，实施民事法律行为由其法定代理人代理或者经其法定代理人同意、追认；但是，可以独立实施纯获利益的民事法律行为或者与其年龄、智力相适应的民事法律行为。”

第二十条规定：“不满八周岁的未成年人为无民事行为能力人，由其法定代理人代理实施民事法律行为。”

合同签订以后，合同双方之间会产生权利义务关系，从而使合同具有法律上的约束力。在我们的日常生活当中，有时一些经常发生的小事都会在不经意间成立口头上的合同。例如，我们到商店购买商品，就与商店之间形成了买卖合同关系；我们乘坐公交车，就与公交公司形成了客运合同关系。

对于未成年人来说，根据年龄的不同阶段，所具备的民事行为能力也不同。八周岁之前的孩子，为无民事行为能力人，八周岁以上的未成年人为限制民事行为能力人。一般来说，具有限制民事行为能力的未成年人并不是完全不能签订合同，而是应当在自己的民事行为能力范围内签订合同，超出此范围的合同，必须在监护人的代理或者同意、追认下才能签订。比如说，一名十几岁的青少年，他的智力已经有了一定的发展，除了可以接受他人的赠与以外，还可以自己独立进行一些简单的民事活动，例如购买书本、购买文具、购买日常生活中所穿的服装。而其他超出他能力范围的合同，例如签订委托合同、房屋租赁合同，或者大额的消费、向他人赠与价值相对高的物品，就需要经过父母代理或其同意后才能进行。

小耀是一名十三岁的未成年人，是限制民事行为能力人。他想要签约成为网络作家，这一举动超出了他的年龄所能负责的界限，必须在经过父母同意以后才可进行签约，一般由其父母代为签约。

对于未成年人来说，我们的民事行为能力还很有限，认识能力也没有发育完全。因此，在与人签订合同这样重要的事上，我们要先征求父母的同意，以免自己的权利受到损害。

## “合同”，一定是书面形式的吗？

### 民法典小案

霏霏的爸爸开了一家装修公司。最近，一位朋友想要装修房屋，霏霏爸爸和他在微信上将装修时间、装修费用等事项一一进行了说明，对方也表示了接受。在装修过程中，对于装修细节的交流也大多是由微信联系或者打电话口头说明等方式进行的。霏霏对此有些好奇，爸爸平时给别人装修时都要签订书面的装修合同，和这位朋友不签订纸质合同，这样也可以吗？

## 民法典讲堂

所有的合同都必须是书面形式的吗？

《民法典》第四百六十九条规定：“当事人订立合同，可以采用书面形式、口头形式或者其他形式。

“书面形式是合同书、信件、电报、电传、传真等可以有形地表现所载内容的形式。

“以电子数据交换、电子邮件等方式能够有形地表现所载内容，并可以随时调取查用的数据电文，视为书面形式。”

要成立合法有效的合同，并不一定都需要书面形式。除了某些法律特别规定必须采用书面形式才能成立的合同，例如融资租赁合同、建设工程合同，很多合同都可以由当事人自由约定订立合同的形式。即使是通过口头约定的方式达成的合同，例如口头上向他人借款，同样具有法律效力，约束着双方的行为。如果其中一方违反约定不履行合同，就要承担相应的责任。

装修属于承揽合同，不一定必须要用书面形式签订。霏霏爸爸在口头上和朋友达成了约定，双方都对约定表示了认可，这是合法有效的。并且，他们的交流有迹可循，能够留下证明二人之间存在装修约定的证据，这足以证明霏霏爸爸和朋友之间已经成立了合同，是切实可行的。

对我们青少年来说，口头上的约定同样很重要。随口说的话、答应别人的事情，这样的小事都很可能产生法律上的效力，我们要注重对别人的承诺，做一个守信的人。

## 快递损坏后，快递公司按照快递单上的条款拒绝赔付，这合法吗？

### 民法典小案

小洋是一名大学生，快毕业时，因在异地实习，又赶上突发的疫情，无法到学校拿回自己的行李，他便委托同学帮忙将行李打包好，自己用手机下单将快递寄回。由于行李中有小洋价值六千元的笔记本电脑，因此在寄快递时，他选择了保价服务。根据快递单上所标记的条款，如果在邮寄过程中快递丢失，将按照丢失快递的原价值进行赔付。几天后，小洋收到了快递，但他却发现笔记本电脑遭到了损坏。随后，小洋要求快递公司赔偿。快递公司却表示，按照快递单上的规定，客户购买的保价服务只能赔偿“丢失”，而不能赔偿“货损”。因此，小洋最终只能得到于快递费几倍的赔偿金额，而不能按照保价服务赔偿来算。

## 民法典讲堂

什么是格式条款？快递单属于格式合同吗？

《民法典》第四百九十六条规定：“格式条款是当事人为了重复使用而预先拟定，并在订立合同时未与对方协商的条款。

“采用格式条款订立合同的，提供格式条款的一方应当遵循公平原则确定当事人之间的权利和义务，并采取合理的方式提示对方注意免除或者减轻其责任等与对方有重大利害关系的条款，按照对方的要求，对该条款予以说明。提供格式条款的一方未履行提示或者说明义务，致使对方没有注意或者理解与其有重大利害关系的条款的，对方可以主张该条款不成为合同的内容。”

格式条款就是一方预先拟定好的，另一方选择全部接受或者全部拒绝的条款。由于格式条款在拟定时并没有经过合同双方的协商，因此内容的自由性较低，对于接受格式条款的一方来说，其权利更需要得到保护。在拟定格式条款的过程中，必须遵循公平原则，保证双方所承担的义务以及享有的权利基本上是公平的。例如，我们生活中常见的在注册软件时需要接受的注意事项，就属于格式条款的范围。

我们日常生活中使用的快递单，在其正面和背面往往印有一些说明文字，在通过手机下单的时候，也会让我们选择勾选一些同意事项，这些都属于格式条款。

快递公司只赔付“丢失”不赔付“货损”的行为是否合法？

《民法典》第四百九十七条规定：“有下列情形之一的，该格式条款无效：

（一）具有本法第一编第六章第三节和本法第五百零六条规定的无效情形；

（二）提供格式条款一方不合理地免除或者减轻其责任、加重对方责任、限制对方主要权利；

（三）提供格式条款一方排除对方主要权利。”

当格式条款中存在本条规定的情况时，无论接受格式条款的一方是否已经接受条款内容，格式条款都是不具有法律效力的。

小洋在寄快递时，购买了保价服务，他的出发点就是通过保价服务来避免自己的财产权益遭受损失。快递公司在运输过程中给小洋的笔记本电脑造成了损坏，作为承运人应当赔偿小洋的损失。而在快递公司所提供的格式条款中，却表明只赔偿物品丢失而不赔偿物品损坏，这明显是减轻了快递公司的责任，而加重了客户所承担的风险。因此，这样的格式条款应当被认定为无效，快递公司仍然需要对小洋进行赔偿。

我们在日常生活中接触格式条款时，需要格外注意条款的内容，避免权利受到损害。

## 妈妈在饭店订桌时先付了定金，如果不想吃了，定金还能退吗？

### 民法典小案

马上就要到中秋节了，彬彬的妈妈想要组织亲戚们好好聚一聚，便给大家打电话商量，一起到饭店吃顿团圆饭。大家听了彬彬妈妈的提议后，都觉得很好。于是，彬彬妈妈便提前一个星期在某饭店订了一个大包间，并按照饭店的要求支付了定金五百元。过了几天，又有亲戚提出可以趁着中秋假期大家一起出去旅游。彬彬妈妈认为这个提议更好，大家还能趁机出去放松一下心情。随后，彬彬妈妈给饭店打电话要求取消订桌，但是饭店却表示已经支付的定金无法退还。

## 民法典讲堂

彬彬妈妈付给饭店的定金能退吗？

《民法典》第五百八十六条规定：“当事人可以约定一

方向对方给付定金作为债权的担保。定金合同自实际交付定金时成立。

“定金的数额由当事人约定；但是，不得超过主合同标的额的百分之二十，超过部分不产生定金的效力。实际交付的定金数额多于或者少于约定数额的，视为变更约定的定金数额。”

第五百八十七条规定：“债务人履行债务的，定金应当抵作价款或者收回。给付定金的一方不履行债务或者履行债务不符合约定，致使不能实现合同目的的，无权请求返还定金；收受定金的一方不履行债务或者履行债务不符合约定，致使不能实现合同目的的，应当双倍返还定金。”

定金是为了保障合同能够正常履行而约定的，如果合同能够正常履行，定金既可抵销价款，也可以退回给支付定金的一方当事人。如果合同无法正常履行，那么不能按照约定履行合同的一方就需要承担相应的违约责任。当支付定金的一方违约时，无权要求返还定金；当收受定金的一方违约时，需要双倍返还定金。

实践中，我们需要注意区别“定金”和“订金”，虽然只有一字之差，但是法律效果却有天壤之别。定金，如前所说，具有违约金的性质。而订金，则可以理解为“预付款”，如果合同解除或买卖没成，一般情况下是要返还的。

彬彬妈妈在提前订桌以后，按照约定向饭店支付了定金。注意是“定金”，而非“订金”。当彬彬妈妈要取消订桌以后，不能向饭店要求退还定金。

或许有人会说，这对彬彬妈妈来说有些不公平，饭都没有吃，那五百元钱就白白给了饭店吗？其实，我们可以想一想，饭店与顾客约定的为“定金”，往往基于一定的考虑，如果在某位客人订桌以后，又随便取消，那么势必会给饭店带来损失，因为饭店要为订桌客人安排预留包间以及相应的菜式，是需要付出一定的成本的。特别是在中秋节、春节这样的特殊日子里，为了防止这种情况发生，饭店与顾客约定“定金”也无可厚非。

## 在网上购买的学习机，充电器是坏的，可直接全额退款吗？

### 民法典小案

伊伊妈妈在网上给伊伊购买了一款学习机，但使用了一周以后，发现学习机的充电器存在问题，经常充不上电。正好在这个时候，伊伊妈妈发现了另一款功能更加齐全的学习机，就想以充电器质量有问题为理由，将现在这款学习机退回。但是，商家表示，学习机已经过了七天无理由退款的期限，充电器质量有问题可以补发，但是不能直接将学习机全额退款。伊伊妈妈认为这样的规定不合理，与商家发生了争执。

### 民法典讲堂

伊伊妈妈可以因为学习机充电器质量有问题而直接将学习机全额退款吗？

《民法典》第六百三十二条规定："标的物为数物，其中一物不符合约定的，买受人可以就该物解除。但是，该物与他物分离使标的物的价值显受损害的，买受人可以就数物解除合同。"

如果买卖合同中涉及的商品包含多个物品，并且这些物品都是独立可分离的，那么其中一个物品出现质量问题，买方可以将这一个物品退回。但是，如果这个物品退还会使整个商品的价值受到影响，那么就可以直接将整个商品退回。

伊伊妈妈购买的学习机的充电器质量有问题，在这种情况下，充电器的质量问题并不会影响学习机的使用，只要更换充电器，学习机就可以照常运行。因此，伊伊妈妈只能要求商家退换充电器，而不能直接要求将学习机全额退款。

## 将产品拿回家试用后，不想购买，但是忘记说明不买，也没有将产品退回，怎么算？

### 民法典小案

夏夏和妈妈一起去逛商场的时候，看到一楼正在举办试用活动。凡是商场的VIP客户，都可以免费在七天内试用最新款的颈肩按摩仪，试用过后不满意的可以在七天内随时退还给商场，无须支付任何费用。妈妈听了宣传以后很是心动，便和夏夏一起领取了一台按摩仪，带回家试用。用了两天以后，妈妈发现这台按摩仪其实没多大用处，价格又贵，便计划将其退回商场。但由于妈妈那几天工作很忙，没顾上送还按摩仪的事，也没有给商场打电话说明不会购买，夏夏也早将此事忘得一干二净，等到试用期结束，也没有将按摩仪送回。可是，他们并不想要这台按摩仪。

### 民法典讲堂

像夏夏妈妈这种情况，是算买了这台按摩仪，还是没有？

《民法典》第六百三十八条规定："试用买卖的买受人在试用期内可以购买标的物，也可以拒绝购买。试用期限届满，买受人对是否购买标的物未作表示的，视为购买。

"试用买卖的买受人在试用期内已经支付部分价款或者

对标的物实施出卖、出租、设立担保物权等行为的，视为同意购买。”

在试用期间，试用者对于是否要买所试用的产品是有选择权的，可以买，也可以不买。需要注意的是，试用者想要把握住这个选择权，应注意在试用期限内作出表示，特别是对于不想购买的，如果没有作出表示，只是自己心里想着不会买，等到试用期结束，就会产生“视为购买”的法律效力。此外，如果在试用期间对试用商品做出了一些处分行为，例如出卖、出租，也会被视为同意购买。

夏夏妈妈将按摩仪带回家试用以后，虽然对该产品并不满意，不想购买，但是并没有在商场规定的七天试用期限以内作出回复，也没有将按摩仪退还商场。对此，夏夏妈妈可以和商场协商，讲明自己没有及时退还的情况。如果商场同意，他们可以将按摩仪退还，如果商场不同意，夏夏妈妈就只能向商场支付价款了。

在试用买卖的情况下，我们要格外注意试用期限，如果不想购买试用商品，要在使用期限内和商家说清楚。

## 赠送给朋友的东西还能要回来吗？

### 民法典小案

小南非常喜欢毛绒玩具，把收集的所有毛绒玩具都摆列在了房间里面。好朋友可可到小南家玩时，一瞬间就被各种各样的毛绒玩具吸引了目光。小南见她喜欢，大方地表示可以送给她一个，让她随便挑。没想到，可可挑中了小南最喜欢的一只兔子玩偶。小南虽然心里有些舍不得，但碍于已经答应了可可，所以没有说什么。可可走后，小南越想越后悔，很想把兔子玩偶要回来。于是，第二天小南就向可可表达出自己想要回玩偶的想法。可可听后，对于小南出尔反尔的做法有些不高兴。

### 民法典讲堂

从法律上来讲，小南赠送给可可的玩偶还能要回去吗？

《民法典》第六百五十八条规定：“赠与人在赠与财产的权利转移之前可以撤销赠与。

“经过公证的赠与合同或者依法不得撤销的具有救灾、扶贫、助残等公益、道德义务性质的赠与合同，不适用前款规定。”

在赠与合同中，赠与人往往需要单方面履行义务，因此法律也为他们赋予了更多反悔的空间。只要赠与的财产没有发生权利转移，那么赠与人随时都可以要回来。同时，法律还规定了不能撤回赠与的情形，在诸如救灾、扶贫情况下的赠与，即使赠与财产没有发生权利转移，也不能撤回赠与。

那么，赠与财产的权利在何时转移呢？一般来讲，权利何时转移，对于动产，以交付为准；对于不动产，以办理登记手续为准。例如，甲向乙赠与一套房屋，并办理了房屋登记手续，此时就发生了权利转移。无论乙是否已经入住房屋，当办理房屋登记手续后，房屋的所有权就发生了转移，甲就不能再撤销赠与、要回房屋了。

可可接受小南的赠与以后，将玩偶带回了家。对于动产来说，完成了交付就可以视为所有权发生了转移，即可可已经取得了所有权，小南不能再反悔要回玩偶了。当然，小南和可可是好朋友，不要因为一些小事就闹不愉快。如果小南十分喜欢这个玩偶，可可可以将玩偶还给她。相对地，为了补偿可可，小南也可以再赠送给她一个别的玩偶。

在哪些情况下，无论赠与财产的权利是否已经发生转移，都可以撤销对他人的赠与呢？

《民法典》第六百六十三条规定：“受赠人有下列情形

之一的，赠与人可以撤销赠与：

（一）严重侵害赠与人或者赠与人近亲属的合法权益；

（二）对赠与人有扶养义务而不履行；

（三）不履行赠与合同约定的义务。

“赠与人的撤销权，自知道或者应当知道撤销事由之日起一年内行使。”

第六百六十四条规定：“因受赠人的违法行为致使赠与人死亡或者丧失民事行为能力的，赠与人的继承人或者法定代理人可以撤销赠与。

“赠与人的继承人或者法定代理人的撤销权，自知道或者应当知道撤销事由之日起六个月内行使。”

当发生以上法律规定的可以撤销赠与的情况时，无论所赠与的财产是否完成了权利转移，都可以撤销赠与。例如，贾大爷的独生女去世，贾大爷老无所依，于是与女婿张某约定由张某照顾他的晚年生活，他将房屋赠送给张某。随后，贾大爷与张某办理了房屋过户登记手续。但是，张某并没有按照约定照顾贾大爷。在这种情况下，张某没有履行赠与合同约定的义务，虽然房屋已经过户，但贾大爷仍然可以撤销赠与，让张某返还房屋。

## 我家租的房子空调坏了，应由房东来支付维修费用吗？

### 民法典小案

几个月前，青青爸爸租了一套房屋供一家三口居住。签订房屋租赁合同时，房屋里已经备齐了生活所需的基本家具家电，其中包括一台空调。最近，天气炎热，爸爸想开空调降温，这才发现空调竟然是坏的，无法制冷。于是，爸爸给房东发微信说明空调是坏的，房东没有回复。由于太热了，爸爸便叫来维修工，自己花钱修好了空调。事后，爸爸向房东要求其支付空调维修的费用，但是房东却表示，房屋已经出租给了青青一家，况且他们也已经居住几个月了，修空调的钱应当由他们自己支付。

### 民法典讲堂

青青爸爸维修空调的费用，应由房东来承担吗？

《民法典》第七百一十二条规定：“出租人应当履行租赁物的维修义务，但是当事人另有约定的除外。”

第七百一十三条规定：“承租人在租赁物需要维修时可以请求出租人在合理期限内维修。出租人未履行维修义务的，承租人可以自行维修，维修费用由出租人负担。因维修租赁物影响承租人使用的，应当相应减少租金或者延长租期。

“因承租人的过错致使租赁物需要维修的，出租人不承担前款规定的维修义务。”

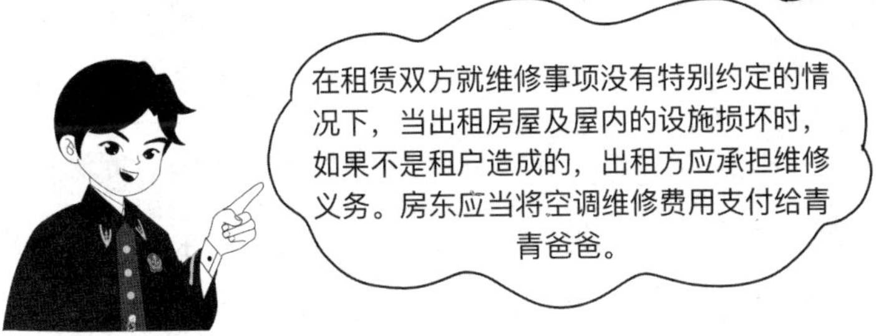

如果没有特别约定，当租赁物损坏时，出租人应当承担起维修的责任，除非该损坏是由承租人的过错造成的。例如，贾某租赁了一间房屋，因使用方式不当而损坏了房屋中的家具。此时，家具的损坏是由贾某造成的，应当由贾某来承担维修责任，房东无须负责。

青青一家在租赁房屋一段时间以后，发现房屋中配备的空调无法使用。空调配备在房屋之中，属于房屋租赁合同的一部分，同样属于出租物。而空调损坏并不是由青青一家人造成的，因此应当由房东来负责维修空调。青青爸爸在自行维修空调以后，有权要求房东支付维修费。如果房东拒绝支付，青青爸爸可以要求适当减少房租或者适当延长租期。

## 房东把我们租的房子卖了，我们还能继续住吗？

### 民法典小案

晓岚一家三口租了一套两居室，与房东签订了两年的房屋租赁合同。刚刚居住了一年，房东就联系了晓岚一家，表示最近行情好，他打算把这套房子卖掉，问他们有没有购买意愿。晓岚的爸爸妈妈表示不购买以后，房东就开始着手将房子向外出售。过了一段时间，房东告诉晓岚爸爸，房子已经卖出去了，再过半个月就要办理过户手续，让他们一家尽快搬出去。晓岚爸爸认为房屋租赁合同还没有到期，他们仍然可以继续居住，拒绝了房东的要求。

## 民法典讲堂

房东将出租的房屋卖给他人以后，晓岚一家还能继续居住吗?

《民法典》第七百二十五条规定："租赁物在承租人按照租赁合同占有期限内发生所有权变动的，不影响租赁合同的效力。"

只要租赁合同未到期，无论出租人是否将租赁物转卖与他人，都不会影响租赁合同继续履行，承租人依然可以占有并使用租赁物。如果租赁物是房屋，租客有权在房屋租赁合同到期前继续居住在租赁房屋中，房东不得强行要求租客搬出。

晓岚一家与房东所签订的房屋租赁合同期限为两年，但只住了一年，房东就将房屋出售了。这时，房东可以与晓岚一家协商房屋租赁合同的履行问题，如果晓岚一家也同意搬出去的话，可以解除房屋租赁合同。但是，如果房东强行要求晓岚一家搬出，就是不合法，晓岚一家有权要求房东承担违约责任，或者要求继续履行房屋租赁合同，即继续居住至期满。

## 在公交车上和同学打闹，急刹车时摔倒受伤，能要求公交公司赔偿吗？

### 民法典小案

放学以后，小柏和好朋友小飞一起乘坐公交车回家。在公交车上，两人谈论着今天在学校发生的趣事，一边说话一边笑，竟然在行驶中的公交车上追逐打闹起来。司机见状，连声制止两人的行为，也有乘客劝说他们。但是小柏和小飞嘻嘻哈哈地不听劝告，依然在公交车上嬉闹。突然，公交车前出现了一名行人，司机连忙踩下了刹车。而嬉闹中的小柏一个没站稳就摔倒了，额头破了一个大伤口，出了好多血。司机见小柏受伤，立刻将他送往医院。小柏的爸爸妈妈得知这件事后，要求公交公司赔偿小柏的医药费。

### 民法典讲堂

小柏能要求公交公司赔偿吗？

《民法典》第八百二十三条规定：“承运人应当对运输过程中旅客的伤亡承担赔偿责任；但是，伤亡是旅客自身健康原因造成的或者承运人证明伤亡是旅客故意、重大过失造成的除外。

“前款规定适用于按照规定免票、持优待票或者经承运人许可搭乘的无票旅客。”

对于在运输过程中所发生的旅客伤亡，在一般情况下，承运人都需要进行赔偿。但是，本条还规定了两种例外情况。第一，如果伤亡是旅客自身健康原因造成的，承运人无须负责。例如，张老太患有心脏病，在一次乘坐公交车时心脏病突发导致死亡。此时，张老太死亡的结果是由于她本身存在健康问题而导致的，公交公司对此没有责任，不需要赔偿。第二，旅客对伤亡结果存在故意或重大过失，但此条需要承运人来进行证明。比如，乘客在乘坐公交车时不听司机劝告，执意将手臂伸出窗外，导致手臂受伤。这时的乘客存在重大过失，不能要求公交公司承担责任。

小柏在公交车内摔倒磕伤，很大程度是因为嬉闹所造成的。即使司机进行了急刹车，但是如果小柏坐好或者扶好站稳，也一般不会发生摔倒磕伤的情况。在他们嬉闹的过程中，司机多次提醒要注意安全，但他们一意孤行，并没有听从司机的劝告。因此，对于受伤的结果，小柏本身是存在过错的，不能要求公交公司赔偿。

## 在超市寄存的包被偷了，能要求超市赔偿吗？

### 民法典小案

小曼到超市购物时，由于超市的自助存包柜已满，便按照工作人员的指引把包存到了服务台。买完东西以后，小曼拿着号码牌到服务台取包，却发现她的包不见了。小曼十分着急，立刻要求超市调取监控，查询包的去向。监控显示，超市顾客比较多，服务台的工作人员一时没有注意，一个小偷趁人不备从服务台偷走了一个包，正是小曼的包。监控没有拍到小偷的正脸，一时无法将丢失的包追回。小曼心急如焚，要求超市赔偿她的损失。可是超市有些不想赔。

### 民法典讲堂

小曼将包寄存在超市后丢失，能要求超市赔偿吗？

《民法典》第八百九十七条规定："保管期内，因保管人保管不善造成保管物毁损、灭失的，保管人应当承担赔偿责任。但是，无偿保管人证明自己没有故意或者重大过失的，不承担赔偿责任。"

简单来讲，如果保管人收费了，那么只要保管物品丢失，保管人就需要进行赔偿。如果保管人没有收费，那么当发生这类情况时，保管人就需要承担起举证责任，在证明自己没有故意或重大过失以后才不承担赔偿责任。如果无法证明，仍然需要赔偿。

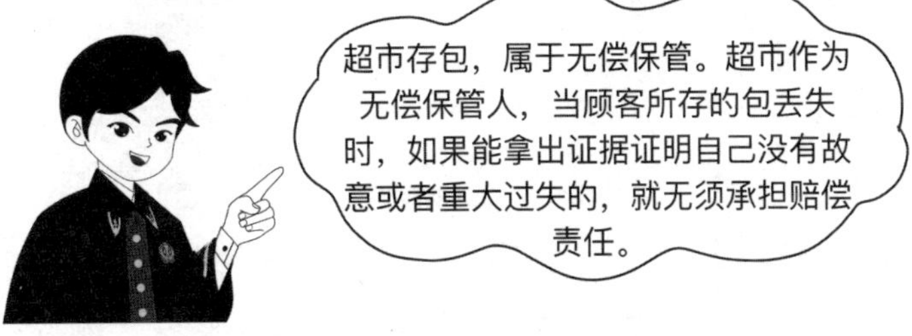


小曼将包寄存到超市后，包被他人偷走。小曼作为受损

失一方，可以用监控和存包号码牌作为证据，来要求超市进行赔偿。此时，超市作为无偿保管人，如果不想赔偿，就要拿出证据证明其在包丢失时不存在故意或者重大过失，否则就应作出赔偿。

日常生活中，当我们需要寄存包、行李等物品时，尽量将贵重物品随身携带，以避免遭受更大的损失。

图书在版编目（CIP）数据

青少年《民法典》小百科：图文版 / 马芳编著. --
北京：中国画报出版社，2024.9
ISBN 978-7-5146-2323-9

Ⅰ. ①青… Ⅱ. ①马… Ⅲ. ①民法—法典—中国—青
少年读物 Ⅳ. ①D923. 04

中国国家版本馆CIP数据核字(2024)第015427号

青少年《民法典》小百科：图文版

马芳　编著

出 版 人：方允仲
策划编辑：张　雁
责任编辑：刘慧玲
装帧设计：@框圈方圆
责任印制：焦　洋

出版发行：中国画报出版社
地　　址：中国北京市海淀区车公庄西路33号 邮编：100048
发 行 部：010-88417418　010-68414683（传真）
总编室兼传真：010-88417359　版权部：010-88417359

开　　本：32开（889mm×1230mm）
印　　张：8
字　　数：162千字
版　　次：2024年9月第1版　2024年9月第1次印刷
印　　刷：三河市冠宏印刷装订有限公司
书　　号：ISBN 978-7-5146-2323-9
定　　价：65.00元